MON ENFANT EST DYSLEXIQUE.
CONCRÈTEMENT, QUE FAIRE ?

Anne-Marie Montarnal

Mon enfant est dyslexique.

ৡৣ

Concrètement, que faire ?

Tom PouSSe

TABLE DES MATIÈRES

ANNEXES

Avant-propos

La psychologie cognitive et la neuropsychologie ont été la source d'importants progrès dans la compréhension des mécanismes d'apprentissage. L'impact de ces avancées scientifiques s'est fait sentir non seulement sur les méthodes d'apprentissage, mais aussi sur le diagnostic et le traitement des troubles d'apprentissage.

Le cas de l'apprentissage de la lecture nous en offre une belle illustration. La mise en évidence du rôle crucial de la conscience phonémique dans l'apprentissage de la lecture a profondément changé notre regard sur ce dernier. De ce point de vue, toutes les méthodes d'apprentissage de la lecture ne se valent pas. Certaines se révèlent plus appropriées que d'autres, car elles aident les élèves à développer leur conscience phonémique et à établir les correspondances pertinentes entre graphèmes et phonèmes. Par ailleurs, les recherches sur la conscience phonémique nous ont donné des pistes pour la compréhension des troubles de la lecture et leur prise en charge orthophonique efficace.

Toutefois, ces avancées scientifiques, malgré leur impact positif sur la pédagogie et les traitements orthophoniques, ont également eu des effets non souhaités. En particulier, elles ont conduit certains praticiens à ne concevoir l'apprentissage qu'en termes de mécanismes cognitifs internes à l'élève. Du même coup, les troubles d'apprentissage ont parfois été réduits à un simple dysfonctionnement cognitif ne nécessitant qu'une intervention ciblée censée permettre une reprise quasi automatique du parcours normal d'apprentissage.

Les situations rencontrées sur le terrain sont nettement plus complexes. Leur compréhension et leur prise en charge nécessitent de prendre en compte d'autres caractéristiques internes à l'élève, mais aussi des caractéristiques du contexte éducatif dans lequel il se trouve.

L'apprentissage et les troubles d'apprentissages ne sont en effet pas de la seule responsabilité de l'élève. Ce dernier interagit avec son enseignant qui applique, avec plus ou moins de bonheur, une méthode pédagogique. Il interagit également avec les autres élèves de sa classe et avec ses propres parents. L'impact de ces différentes interactions, en amont et en aval des apprentissages, est loin d'être négligeable.

Reprenons l'exemple des troubles de la lecture. Il est évident que la méthode d'apprentissage et la manière dont l'enseignant la met en œuvre ont une influence sur la gravité des troubles.

Il en va de même pour la réaction face aux troubles de la lecture de la part de l'enseignant, des autres élèves et des parents. Les troubles de la lecture mettent en question le sentiment de compétence, l'estime de soi et la motivation à apprendre. Les réactions de l'entourage peuvent aggraver ces problèmes et conduire a un évitement de toutes les situations de lecture, associées à de la souffrance. Aider un élève dans une telle situation en se limitant aux seuls mécanismes cognitifs spécifiques peut aboutir à des résultats décevants. Des progrès peuvent être observés, mais l'engagement dynamique de l'élève dans le processus d'apprentissage de la lecture n'est pas au rendez-vous.

Les progrès de notre connaissance des mécanismes cognitifs à l'œuvre dans les apprentissages scolaires ne doivent pas nous faire oublier que ces mécanismes s'insèrent dans le fonctionnement global de l'élève, lui-même vivant et apprenant dans contexte pédagogique et relationnel plus ou moins soutenant.

Jacques GRÉGOIRE
Université de Louvain, Belgique

Éditorial du n° 123 de la revue A.N.A.E., septembre 2013.

PRÉFACE

Que de chemin parcouru depuis la loi de 2005, dans les mentalités, dans les prises en charge proposées, dans la connaissance globale de ces enfants qui apprennent différemment mais qui apprennent…

Seule constante qui ne peut varier : c'est l'implication indispensable de vous, de nous PARENTS dans l'accompagnement de notre enfant en difficultés d'apprentissage. Vous, nous sommes le socle solide sur lequel il va se construire pour partir vers son avenir. Aucune remédiation, aucune rééducation ne sera efficiente si ses parents ne sont pas totalement investis dans la démarche.

C'est un travail laborieux, quotidien empreint de bienveillance, d'écoute, de ténacité parfois, si ingrat mais tellement formateur sur notre métier de parent.

L'adage veut que « l'union fait la force » ; dans le cas de la prise en charge d'un enfant dys, il en est de même. Pour optimiser le parcours scolaire de l'enfant, il faut collaborer, c'est-à-dire travailler ensemble dans le même sens, avec deux acteurs essentiels : le corps enseignant et les rééducateurs. Nous, les parents, sommes, dans ce TRIO formé autour de l'enfant, la pierre angulaire, la constante et le liant qui permettent de coordonner les actions et de préparer, avec l'enfant, son projet de vie.

Quand, en 1994, nous avons découvert la dyslexie de ma fille (alertée par son enseignante de CE1), nous n'avions aucune idée de ce à quoi nous allions être confrontés, et cela malgré mes dix années d'enseignement en école primaire... Ce fut un rendez-vous en ophtalmologie avec Mme Montarnal qui nous éclaira et qui mit enfin un mot sur des maux.

Que ce livre soit pour chaque parent concerné, une rencontre, un guide pour que nos enfants trouvent leur place dans notre société et que plus jamais ils puissent demander : « Dis, Maman, tu crois qu'un jour on pourra le changer mon cerveau ? »(Cindy H. CE2)

Fabienne Hochwelcker,
enseignante,
mère de dyslexique
et présidente de l'APEDA.

LE TÉMOIGNAGE DE BÉNÉDICTE

« Quand j'étais petite, j'étais bête, bête, bête …. »
« Quand j'étais petite, j'étais bête, bête, bête …. ! »

La vidéo de Bénédicte se déroule sur fond de ces phrases incantatoires, sans cesse répétées. Images de pieds, qui reculent, hésitent, vont à droite puis à gauche, disparaissent et réapparaissent, images de mains aux doigts enlacés exprimant la souffrance et la souffrance encore …
Âgée de 38 ans, Bénédicte est une vidéaste douée, elle dessine et peint, illustre des livres d'enfants et sait coudre tout ce qu'elle désire. Elle a toujours mille choses passionnantes à faire… mais elle demeure hantée par sa scolarité de dyslexique. Voici ce qu'elle raconte :

« Je passe mes années de maternelle et de primaire dans une école réputée pour ses excellentes méthodes pédagogiques (école annexe de l'École normale). Les trois années de maternelle étant regroupées en une classe unique, je m'aperçois rapidement que je n'y arrive pas aussi bien que les autres, j'écris moins vite, je trace moins bien les lettres. Je vois mon grand frère apprendre à lire en grande section et recevoir un livre offert par la maîtresse. Quand je suis à mon tour en grande section, je n'apprends pas à lire et je ne reçois pas de livre comme mon frère…

Mes difficultés se confirment dans les classes primaires. Je voudrais tellement être « comme les autres », cela devient une obsession …

Je redouble le CE2 et je vis très mal ce redoublement. Mes deux frères aînés n'ont pas redoublé !

L'institutrice proche de la retraite, n'est pas commode. Elle utilise « les bonnes vieilles méthodes » !

Elle montre mes fautes d'orthographe à toute la classe de façon à mettre les autres élèves dans une situation où ils sont obligés de rire et de se moquer de moi ! Elle ne me comprend pas… Sur un bulletin scolaire que je viens de retrouver, elle a inscrit que je suis agressive à l'égard des autres enfants. Je ne m'en souviens pas. J'arrive à m'intégrer en récréation, mais je suis utilisée pour tenir la corde à sauter, je ne saute pas et ne prends pas réellement part au jeu. Je suis grande pour mon âge et je me sens « perdante » comparée aux autres élèves, même si j'ai une amie qui redouble comme moi. C'est une fille intelligente, sa famille est artiste, elle deviendra photographe.

Ce n'est qu'en CM1 – à 9 ans – que l'école me fait passer des tests. Le fait d'être évaluée me fait sentir « bizarre ». Le diagnostic de dyslexie est posé, je l'ai également retrouvé mentionné dans un de mes bulletins scolaires. À présent, je suis une rééducation orthophonique. Je m'y rends toute seule, à vélo, le trajet est long et j'ai le droit de quitter l'école pendant les heures de cours.

J'aime beaucoup aller en orthophonie : l'orthophoniste est une très belle femme qui me fait rêver. Je ne me sens pas exclue d'aller en rééducation, au contraire, je me sens valorisée. Je découvre qu'il n'y a pas que la vie de l'école. L'orthophoniste utilise la méthode Chassagny des « associations ». Elle ne me fait pas faire de progrès en orthographe, mais en construisant ensemble des textes, elle me fait découvrir une nouvelle dimension de la vie : le monde de l'imaginaire.

À partir de ce moment, j'adore aussi écrire des textes libres en classe, mais les mots sont écrits phonétiquement, attachés les uns aux autres et souvent illisibles.

J'ai tous les jours mon V.O.B. à apprendre : *Vocabulaire Orthographique de Base*. J'ai des listes de 10 mots à apprendre par cœur, je les copie mille fois, je trouve des moyens mnémotechniques pour retenir l'orthographe. Par exemple, si *difficulté* s'écrit avec un ou deux « f » ! Puis à la dernière minute, je ne sais plus si le moyen mnémotechnique signifie qu'il y en a 2 ou 1 ! Le mot n'est pas figé, il n'existe pas. L'image du mot n'est pas arrêtée. Il n'y a pas de relation entre le mot entendu et la manière dont il s'écrit.

En classe de 6ᵉ, je décide de me « positionner » par rapport aux autres élèves. Je m'exprime bien et facilement. Je me rappelle ma première rédaction dont le sujet est « Décrivez des enfants en train de jouer, insérez des dialogues ». Le jour où le professeur rend les rédactions, elle commence par lire le meilleur devoir … et c'est le mien ! Je le reconnais. Au moment de me le remettre, elle me dit : « *Bon devoir, plein d'idées intéressantes, il vaut 14/20 mais à cause des fautes d'orthographe vous n'aurez que 6/20 !* »

Je suis très angoissée au collège, mais je m'accroche ! J'arrive au lycée, je passe le Bac B, économique et social. Après les résultats du Bac, je suis retournée à l'école primaire et je me suis entendue dire par une de mes anciennes institutrices :
« *Ah bon ! Tu as réussi le Bac ! Je pensais que tu ne l'aurais jamais !* »

(Loire-Atlantique, août 2000)

Bénédicte a fait l'école des Beaux-Arts, elle est devenue une excellente vidéaste dirigeant des réalisations de vidéo dans des centres culturels. Sa première vidéo personnelle s'intitule : « Quand j'étais petite, j'étais bête, bête, bête …. »

1. Une explication de la dyslexie

Lorsque nous nous trouvons dans un pays étranger dont nous ignorons la langue, nous sommes obligés de « déchiffrer » les écrits présents dans la rue : publicités, signalisations, noms de rues ou de magasins… Chez nous, nous avons l'impression de ne pas avoir besoin de les lire, car nous les reconnaissons d'emblée « sans y penser » !

Pour lire, nous utilisons un « dictionnaire interne » : dès que nous voyons un mot stocké dans notre dictionnaire, nous le reconnaissons instantanément, ce qui nous permet de lire de façon rapide et agréable. La simple « évocation » du mot figurant dans le dictionnaire nous permet également de l'écrire. C'est précisément au niveau de ce « lexique interne » que se situe le « cœur » des difficultés dyslexiques : avec des difficultés pour le constituer, pour y accéder et pour s'en servir !

• L'élaboration de ce dictionnaire interne nécessite la mise en œuvre de plusieurs fonctions :
  – un traitement phonologique, ou traitement des sons des mots : il faut pouvoir les entendre dans le bon ordre en les discriminant correctement, sans faire de confusions ;
  – un traitement visuel des lettres représentant les sons, en en différenciant les formes, en les positionnant correctement, dans le bon ordre, sans faire de confusions ;
  – une mémorisation correcte de la représentation graphique des sons : correspondance graphème/phonème ;
  – une mémorisation dans leur globalité des mots prenant place dans le lexique.

• L'accès à ce dictionnaire interne doit se faire de façon « automatique ». Or, chez le dyslexique, cet accès a du mal à se mettre en place :
  – il peut être ralenti et devenir incertain, surtout dans des conditions de stress et de fatigue ;
  – il est coûteux en énergie et nécessite un effort d'attention ;
  – la mémorisation des mots est incertaine, variable d'un moment à l'autre, imparfaite...

Les chercheurs classent les dyslexies selon les déficiences des différentes fonctions permettant la constitution et l'accès au « dictionnaire interne ». Pour nous, l'essentiel à retenir est que ces difficultés rendent le « dictionnaire interne » peu performant. Elles expliquent la lecture plus lente et l'orthographe imparfaite de l'élève dyslexique. Imaginez que vous disposiez d'un petit dictionnaire, incomplet, pas toujours très bien imprimé et dont vous avez du mal à tourner les pages !

Les difficultés de l'élève dyslexique varient un peu d'une personne à l'autre ; de même, leur intensité est variable, allant de difficultés légères à une atteinte sévère.

Pour Gavin Reid, il faut retenir en priorité que « *Les élèves dyslexiques, comparés aux non dyslexiques, ont une façon « différente », « particulière » d'apprendre et de travailler. Il est donc essentiel de découvrir leur façon de « fonctionner » et d'en tenir compte dans la démarche pédagogique.* »

Les parents doivent se rappeler que l'essentiel dans la vie n'est pas de maîtriser une orthographe parfaite, ni de parvenir à des performances de haut niveau en vitesse de lecture. Il est par contre primordial que leur enfant dyslexique puisse découvrir des domaines passionnants dans lesquels il pourra s'engager et réussir, parce qu'il est intelligent, souvent doué d'une grande sensibilité et d'un esprit créatif. Si leur enfant aime les mathématiques, il conviendrait peut-être de lui faire donner des cours de mathématiques pour qu'il puisse briller en classe, en arrêtant pendant un temps la rééducation orthophonique. Ses capacités de travail ne demandent qu'à être bien utilisées et sa réussite confortera son estime de soi.

Il est également important que l'élève dyslexique puisse comprendre « ce qui se passe » dans le cadre de son apprentissage particulier, que ses difficultés et les moyens pour les contourner lui soient expliqués : l'orthophoniste participera à ces explications. De cette façon, il aura les moyens – si l'occasion devait se présenter – de s'expliquer. La possibilité de devenir « son propre avocat » (*self advocacy*) est une notion très prisée par les Américains. Ainsi, lorsqu'en classe de troisième un professeur remplaçant demanda à mon fils « ce qu'il faisait dans cette classe », celui-ci ne s'est pas démonté et lui a expliqué ce qu'il savait des difficultés dues à la dyslexie.

Je voudrais rendre ici hommage au rapport fait par l'Inspecteur Jean-Charles Ringard. Avec beaucoup d'intelligence, celui-ci a fait un travail remarquable, interrogeant les personnalités les plus qualifiées, ce qui lui a permis de présenter toutes les facettes du problème, de donner pour chacune des réponses et des modes d'interventions. Je citerais le principe de « partenariat éducatif », tel qu'il l'expose dans son rapport, car il concerne également les enseignants, les parents et l'élève :

« … il importe que tous les intervenants qui participent au projet éducatif soient animés d'une volonté de travailler ensemble, d'échanger et de rendre complémentaires leurs interventions. Le partenariat éducatif ne peut s'effectuer sans la participation de la famille en tant que co-éducatrice et de l'enfant en tant que sujet conscient. »

Je rappellerai aussi son conseil de « systématiser le dépistage précoce d'enfants potentiellement porteurs ou atteints d'un trouble du langage oral et écrit » afin de pouvoir donner une aide précoce et d'éviter que ne s'installe la « spirale de l'échec ».

En ce qui concerne les renseignements fournis par l'Internet dans le domaine des troubles des apprentissages, j'aimerais conseiller aux parents de rester circonspects. Si la richesse des informations disponibles sur Internet est impressionnante, tout ce qui y est publié n'est pas forcément vrai ! Pour preuve cette « erreur » relevée dans un site : « dans les langues transparentes, il n'y a pas de dyslexie ! », une des langues citées en exemple étant l'italien. À cela je voudrais apporter deux démentis :

Les difficultés dyslexiques répondent à une façon particulière du cerveau de traiter la langue écrite, bien mise en évidence par l'imagerie cérébrale fonctionnelle, sans aucun lien avec la langue utilisée. Même si l'apprentissage de l'orthographe des langues non transparentes, comme le français et l'anglais, se révèle plus difficile pour les dyslexiques, il y a des sujets dyslexiques dans toutes les langues.

Pour rassurer ceux qui douteraient de cette affirmation, il faut savoir que l'Association italienne de dyslexie est actuellement une des associations les mieux organisées et les plus dynamiques en Europe. En 2010, elle a été à l'origine de l'adoption d'une loi italienne spécifique pour la prise en charge des personnes dyslexiques.

Citons ici l'annonce de la nouvelle, telle qu'elle nous a été adressée par l'un des responsables de cette association :

Le Parlement italien a voté le 29 septembre 2010 une loi concernant la prise en charge des personnes présentant des troubles spécifiques d'apprentissage (dyslexie, dysgraphie, dysorthographie, dyscalculie). La loi comporte des détails précis concernant les droits des élèves à l'école, l'identification précoce, le diagnostic, les prises en charges rééducatives, les besoins spécifiques pédagogiques et didactiques, les évaluations ainsi que la nécessité d'une formation spécifique des enseignants – incluant son financement. Ces droits sont étendus aux élèves du collège et du lycée ainsi qu'aux étudiants universitaires. De plus la possibilité pour les parents de bénéficier d'un temps de travail flexible afin de pouvoir aider leurs enfants à faire leurs devoirs à la maison. C'est un magnifique succès pour l'association italienne, après une longue bataille – nos premières démarches pour bénéficier d'une loi datent d'il y a 8 ans ! (« Une Loi pour les DYS en Italie », Bulletin APEDA France n° 74, p. 17)

Pour bénéficier d'une telle loi, qui d'entre nous ne franchirait pas volontiers les Alpes pour s'installer en Italie .... !

2. Des définitions

DÉFINITION DE L'ASSOCIATION EUROPÉENNE DE DYSLEXIE

« La dyslexie est une « différence » rendant difficile l'apprentissage et l'usage de la lecture, l'acquisition de l'orthographe et l'expression écrite. Cette « différence » est d'origine neurologique. Les chercheurs s'accordent sur plusieurs causes possibles de la dyslexie, y compris une origine génétique. Les difficultés cognitives impliquées dans ces « différences » peuvent aussi retentir sur les capacités d'organisation, sur le calcul et d'autres facteurs cognitifs et émotionnels. À l'origine de ces difficultés on peut retrouver un déficit du traitement phonologique, une mauvaise mémoire de travail, des difficultés dans la dénomination rapide, le traitement séquentiel et automatique des compétences de base ainsi que des troubles visuo-attentionnels.

De plus, en Europe, la diversité de l'enseignement, des langues, du multilinguisme et des milieux socioculturels, a une influence significative sur la manifestation des difficultés et les chances de réussite des enfants et des adultes avec dyslexie. Force est de noter que les personnes avec dyslexie vivent pour la plupart du temps dans un monde largement non « accueillant » face à la dyslexie – non « Dys-accueillant ». Il n'y a aucun lien entre le niveau d'intelligence, la situation socio-économique et l'existence de la dyslexie. » (2007)

Définition du Dr Christophe-Loïc GÉRARD*

« La dyslexie est un trouble de la dynamique de l'apprentissage du langage écrit, les performances restant suffisamment en deçà de ce qui est attendu pour l'âge et l'intelligence de l'enfant et retentissant sur son rendement scolaire. Ces performances doivent être appréciées au maximum sous un angle pragmatique :

---

*   Le Dr Christophe-Loïc GÉRARD s'occupe d'une unité spécialisée dans les troubles du langage et des apprentissages de l'enfant à l'hôpital Robert Debré (Paris) depuis 1986. Il est l'auteur de plusieurs ouvrages, notamment sur les dysphasies et les dyspraxies. Il enseigne la neuropsychologie de l'enfant à l'Université Paris 6 dans le cadre du certificat de capacité en orthophonie.

- fluidité et compréhension de la lecture ;
- restitution et transmission d'une information sous forme écrite.

Ce trouble est durable. Au cours de l'évolution il n'y a pas simple décalage par rapport à l'âge chronologique, mais permanence qualitative des difficultés, c'est-à-dire, déviance. Même si les enfants arrivent à compenser leur trouble, la manière dont ils lisent mal demeure la même. »

(Bulletin Hors-Série APEDA, « Comprendre les troubles d'apprentissage du langage écrit pour mieux aider », 2005)

3. Historique de la situation française

Le « paradoxe » français doit être connu : notre pays fut un des premiers à avoir créé, dès 1948, une école de rééducateurs des troubles du langage oral et écrit – école d'orthophonie – mais il a fallu attendre plus d'un demi-siècle pour que l'Éducation nationale française reconnaisse l'existence d'élèves dyslexiques.

Le rapport de l'Inspecteur d'Académie Jean-Charles Ringard, intitulé « **À propos de l'enfant dysphasique et de l'enfant dyslexique** » a joué un rôle décisif dans cette prise de conscience.

J'ai eu l'honneur d'être reçue par Jean-Charles Ringard alors qu'il venait d'achever son Rapport. Lors de notre conversation, il m'a avoué que la veille, un visiteur avait voulu le convaincre que la dyslexie n'existait pas... Nous devons rendre hommage à l'Inspecteur d'Académie Jean-Charles Ringard pour son honnêteté, l'immense documentation qu'il a recherchée et

les excellentes conclusions de son Rapport, rendu public par le Ministère le 5 juillet 2000.
http://www.education.gouv.fr/rapport/ringard/som.htm

Ce rapport a été suivi d'un plan d'Action Interministériel proposant des mesures concrètes.
http://www.sante.gouv.fr/htm/actu/index.htm.

Ce document, qui a été largement repris dans la circulaire du 31 janvier 2002, stipule :
- La nécessité de mettre en place des prises en charge adaptées, reposant sur le partenariat entre l'école et les parents avec une scolarisation adaptée et des prises en charge thérapeutiques ou rééducatives.
- L'adaptation de la scolarité peut se faire sous différentes formes, selon la gravité du handicap :
  - soit des intégrations individuelles en classe ordinaire, avec le suivi d'un service de soins (S.E.S.S.A.D....) ou de professionnels libéraux (orthophonistes...) ;
  - soit, pour les cas les plus sévères, la création de classes ou d'unités pédagogiques spécialisées «troubles du langage» : CLIS ou UPI, décidés par les commissions de l'éducation spéciale.
- La création des Centres référents, en faveur des enfants atteints de troubles spécifiques du langage et des apprentissages qui seront implantés dans les centres hospitaliers régionaux. Il s'agit de lieux d'information, de diagnostic ou de prise en charge des troubles spécifiques du langage qui doivent préciser le diagnostic et proposer le type de prise en charge la plus adaptée.

Les Centres référents sont composés **d'équipes pluridisciplinaires** comprenant :
- un médecin, le plus souvent neuropédiatre, ou un pédopsychiatre, plus rarement médecin de rééducation fonctionnelle ;
- un(e) orthophoniste ;
- un ou plusieurs psychologue(s) clinicien(s) ou neuro–psychologue(s).

L'équipe peut parfois être **complétée** par :
- un(e) psychomotricien(ne) ;
- un ergothérapeute ;
- un instituteur spécialisé qui aide à l'évaluation et accompagne la mise en place de la prise en charge proposée dans l'école de l'enfant.

4. Apprendre à observer un enfant en échec scolaire

Pour y voir « clair », il faut d'abord se poser un certain nombre de questions :

Qu'est-ce qui vous fait penser que votre enfant est en échec scolaire ?
- A-t-il des difficultés pour apprendre à lire et/ou à bien lire ?
- Est-il en difficulté pour écrire et quels types de fautes fait-il ?
- A-t-il des difficultés en calcul ?

Essayez d'analyser ses difficultés :
- Persistent-elles d'un jour sur l'autre ?
- A-t-il des difficultés pour mémoriser ses leçons ?
- Bien sues la veille à la maison, les a-t-il oubliées le lendemain, aussi son enseignant est-il persuadé qu'il ne les a pas apprises ?
- A-t-il des difficultés pour faire attention ? Est-il très remuant dès qu'il s'agit de faire un travail scolaire ?
- Est-il maladroit dès lors qu'on lui confie une tâche un peu compliquée ?
- A-t-il des difficultés pour ranger ses affaires ? Pour préparer son cartable ?
- Lui arrive-t-il d'oublier à la maison livre, cahier, affaires de gymnastique ?

Son caractère et son comportement ont-ils changé ?
- Quand ? À la suite de quelle circonstance ? Et de quelle façon ? Depuis le début de l'année scolaire ? Voire, depuis le début de sa scolarité ?
- À quand remonte le début de ses difficultés scolaires ? Votre enfant dort-il bien la nuit ? Fait-il des cauchemars ? A-t-il du mal à s'endormir ?
- A-t-il parfois mal au ventre au réveil ?
- Lui arrive-t-il de faire des crises d'angoisse ?

Quelles sont les qualités et les points forts de votre enfant ? Il est essentiel de les identifier.
- Se passionne-t-il pour la découverte de la nature, les animaux, le jardinage ?
- A-t-il un sport favori ? Est-il un « fan » de modèles réduits ? De bricolage ?
- aime-t-il dessiner ? Jouer de la musique ?

• aime-t-il raconter et inventer des histoires ? Aime-t-il amuser le public ?

Vos observations intéresseront son enseignant, mais aussi les personnes que vous consulterez : pédiatre, neuropsychologue, orthophoniste…

5. Un engagement parental indispensable

Lorsque les parents apprennent que leur enfant présente un trouble spécifique d'apprentissage, ils sont dans une situation comparable à celle d'une personne à qui on demanderait de faire un tour du monde à la voile en solitaire alors qu'elle n'a jamais posé le pied sur le pont d'un bateau. Elle exigerait, avant de partir de pouvoir prendre le temps de connaître le maniement du bateau et des voiles, de savoir apprécier la direction du vent et des courants marins, etc.

Or les parents d'enfants dyslexiques sont immédiatement embarqués, malgré eux : afin de pouvoir aider leur enfant, ils sont dans l'obligation de se dépêcher, d'apprendre leur nouveau « métier » de parents d'enfant Dys, et d'accéder aux connaissances leur permettant de comprendre son fonctionnement particulier.

Nous ne décrirons pas ici les difficultés de l'élève dyslexique, nous rappellerons simplement que les élèves dyslexiques partagent un certain nombre de difficultés qui les pénalisent dans l'apprentissage de l'écrit, et que ces difficultés varient dans leur répartition et leur intensité d'une personne à l'autre. Chaque cas est unique. Les Anglais ont cette jolie formule :

« Il y a autant de sortes de dyslexiques que de roses », (ou de variétés de camélias pour les Nantais).

C'est dire combien il est important d'observer avec précision votre enfant pour découvrir ses difficultés particulières. Selon le niveau de l'élève, vous noterez peut-être :
- des confusions dans les sons et le tracé des lettres ;
- sa façon particulière de lire ou de comprendre la lecture ;
- sa vitesse de lecture lente ou hésitante ;
- ses difficultés pour orthographier correctement ;
- ses difficultés pour s'exprimer par écrit ;
- des difficultés dans sa gestion du temps – la notion de durée est de toute façon difficile à acquérir pour l'enfant –, l'effort qu'il doit faire pour être à l'heure…
- des difficultés à s'organiser pour gérer ce qu'il doit faire, que ce soit pour faire ses devoirs ou pratiquer des activités de loisir ;
- des difficultés à gérer l'espace, que ce soit pour disposer un devoir sur une feuille de papier, ou pour se retrouver dans un lieu public comme l'école ou le collège ;
- des difficultés avec la contrainte de respecter un certain ordre dans ses devoirs, ou pour organiser une séquence : il connaîtra les noms des différentes couches de l'écorce terrestre mais ne les récitera pas dans le bon ordre. Il aura des difficultés pour se repérer dans son emploi du temps en début de classe de 6ᵉ ;
- des difficultés pour mémoriser, qu'il s'agisse :
  - de la mémoire à court terme (MCT) (il aura oublié ce que vous venez de lui demander mais, au fait, faisait-il attention ?) ;
  - de la mémoire de travail, lorsqu'il apprend une leçon pour la réciter ou l'appliquer le lendemain en classe ;

– de la mémoire à long terme (MLT) : ce qu'il sait le lundi, le sait-il encore la semaine suivante ?
• une difficulté à « automatiser » un certain nombre de notions apprises, comme mettre un s au pluriel des noms et des adjectifs...

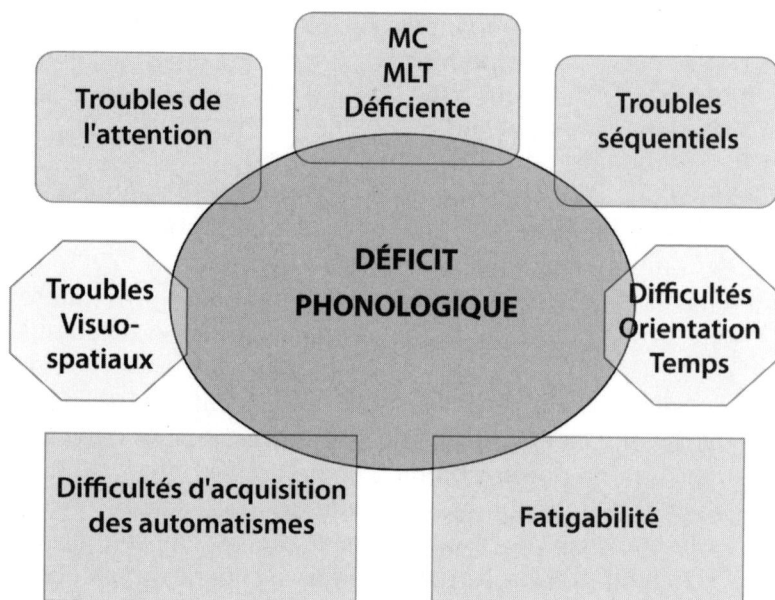

6. Stratégies
et styles d'apprentissage

Quelles sont les stratégies d'apprentissage utilisées par mon enfant ? De quelle façon procède-t-il pour apprendre ? Est-ce la façon qui lui convient ? Comment réfléchir à la manière de les améliorer en lui donnant quelques conseils permettant de rendre son travail plus performant ?

• Ne pas oublier que faire copier un texte par un élève dyslexique ne lui apprend rien, parce qu'il est entièrement pris par l'acte d'écrire et qu'il ne peut pas en plus réfléchir au sens de ce qu'il écrit, encore moins retenir l'image du mot qu'il vient d'écrire.

• A-t-il besoin de faire des mouvements, de dessiner pour apprendre ? (tel garçon dyslexique a appris la forme des lettres en « marchant » sur leur tracé dessiné sur le sol !)

• A-t-il besoin d'écrire en gros caractères et de souligner en différentes couleurs ?

• Ou de se faire des schémas donnant une vision globale du sujet à apprendre ?

• Est-il auditif ? A-t-il besoin d'écouter, de se parler à voix haute, d'écouter un enregistrement ?

• Quel est l'endroit qui lui semble le plus propice pour travailler et se concentrer ? Un coin tranquille dans un silence absolu ou, au contraire, recherche-t-il la présence d'une personne, avec un bruit de fond musical ?

• Quelles techniques de révision utiliser pour être plus efficient ? À quel rythme, et en y consacrant combien de temps ? Un temps court pendant lequel l'élève est attentif vaut mieux qu'un temps long sans qu'il parvienne à bien se concentrer.

Les différentes stratégies qui conviennent le mieux à l'élève constitueront son style d'apprentissage. Mais avant tout, c'est à lui de découvrir la façon dont il apprend le mieux grâce à votre aide et en tenant compte de sa personnalité !

7. Les dons particuliers des dyslexiques

L'existence des dons particuliers des dyslexiques a donné lieu à des publications et à de grands débats. Les qualités des dyslexiques sont connues : travailleurs acharnés, à l'esprit curieux et créatif, souvent très brillants à l'oral. Ils peuvent devenir des artistes doués ou de grands sportifs, souvent très sociables, doués d'empathie, excellents meneurs d'hommes ou chefs d'équipe, ils deviennent volontiers éducateurs, infirmiers ou médecins. Parmi eux il y a aussi des écrivains et des acteurs célèbres.

Nos voisins britanniques estiment que 20 % des dyslexiques sont des surdoués en mathématiques.

Nous avons déjà cité leur popularité aux États-Unis avec l'existence de bourses qui leurs sont réservées. Ainsi 50 à 60 % des employés de la NASA seraient dyslexiques.

Pour Tom West*, écrivain américain, les dyslexiques « voient ce que les autres ne voient pas, ils ont une approche particulière pour résoudre les problèmes qui se posent ». L'auteur insiste sur le fait que l'enseignement devrait tenir

---

* Tom West, auteur de l'ouvrage « In the Mind's Eye », publié aux États-Unis, était invité au congrès de la Bristish Dyslexia Association en 2005.

compte de leur « approche particulière » pour apprendre et qu'il est important d'expliquer leurs difficultés très tôt aux enfants dyslexiques, sans omettre de préciser que ces difficultés peuvent être importantes au niveau de l'écrit, mais qu'en compensation, il existe des points forts dans d'autres domaines qu'il faut découvrir et exploiter.

Il est certain que tous les dyslexiques ne deviennent pas tous des « génies » comme les plus célèbres des dyslexiques : Einstein, Edison ou Rodin. Mais il est très important que les parents soutiennent leurs enfants en essayant de détecter leurs capacités et leurs dons, afin de leur donner les moyens de les développer ; s'ils tâtonnent un peu avant de les découvrir, ce n'est pas grave.

Il est en effet indispensable que le jeune dyslexique puisse avoir une activité qui l'intéresse et dans laquelle il réussisse afin de bâtir son estime de soi.

Il se trouve que mon fils dyslexique a fait très tôt partie des « inventeurs ». Je ne citerai ici que quelques-unes de ses inventions : son cartable en bois à roulettes pour aller en classe sans avoir à le porter, sa bibliothèque fabriquée au début de la classe de 6ᵉ pour faire son cartable en 5 secondes, sans avoir à consulter son emploi du temps et son vélo à voile qu'il se construisait quand soufflait le vent d'ouest. Il est vrai que son père lui avait installé un établi et une scie sauteuse dont il avait le droit de se servir et que je lui prêtais des vieux draps pour la fabrication de ses voiles.

(*voir le bulletin APEDA n° 64, article rédigé par Élizabeth Nicolet et Myriam Risser)

8. Quels sont les sentiments ressentis par votre enfant ?

L'élève dyslexique ressent très rapidement, souvent dès le premier jour de classe, un sentiment de « malaise » ou « d'insécurité ». Il est le premier à se rendre compte que quelque chose « ne va pas » dans son travail scolaire, bien avant qu'un diagnostic de trouble d'apprentissage ne soit porté.

En effet, il peut avoir du mal à distinguer certains sons des mots, il peut confondre la forme des lettres ou ne pas se souvenir de consignes données un peu rapidement, être gêné par le brouhaha de la classe. Rapidement, il se sent perdu et angoissé, surtout s'il se compare aux autres élèves qui n'éprouvent pas les mêmes difficultés que lui. Au cours de sa scolarité, le plus dur à supporter pourra être les éventuelles moqueries des élèves à son encontre.

Les parents sont seuls capables de détecter cette désespérance, dont les signes peuvent être forts discrets. Mais si soudain votre enfant fait des cauchemars alors que jusque-là il n'en faisait pas, s'il a mal au ventre tous les matins avant d'aller à l'école, ce qui ne lui arrive jamais pendant les vacances, il peut faire une dépression nerveuse qui chez l'enfant est facilement masquée.

L'enfant souffre, il est en colère contre lui-même et l'institution scolaire, il trouve qu'il subit une injustice ! **Les parents ne doivent pas attendre pour intervenir : tout élève en difficulté d'apprentissage a besoin d'aide**. Il est impératif d'aller en parler à l'enseignant pour qu'il adapte son enseignement à cet élève particulier, et de ne pas attendre la confirmation de la dyslexie, surtout s'il existe un délai d'attente pour bénéficier d'un bilan orthophonique ou neuropsychologique.

Il est indispensable d'expliquer à l'élève dyslexique qu'il n'est pas « fautif » d'avoir des difficultés qu'il faudra lui expliquer. Ses parents sont là pour le soutenir, pour l'aider dans son travail scolaire, pour lui montrer qu'il peut faire des progrès en adaptant sa façon de travailler. Il est important que les parents puissent collaborer avec l'orthophoniste et l'enseignant afin de bénéficier de leurs conseils pratiques.

Il faut à tout prix éviter que l'élève n'atteigne ce degré de découragement qui mène à « l'impuissance acquise » : il croit alors que ce n'est même plus la peine d'essayer de travailler ou d'apprendre, parce qu'il est persuadé que de toute façon « il n'y arrivera pas ! »

Donnez à l'élève dyslexique les moyens de réussir :
• en adaptant les approches, la façon d'apprendre ;
• en offrant des moyens pour compensation – écrire à sa place sous sa dictée, plus tard, lui permettre l'usage du logiciel à reconnaissance vocale auquel il dictera ; lui lire des histoires et des livres ;
• en lui faisant part de ses progrès ;
• en lui montrant qu'il est intelligent et qu'il y a des domaines dans lesquels il réussit et peut même exceller.

9. Établir des règles
pour la vie à la maison

Il est vrai que l'établissement de règles claires est nécessaire pour tous les enfants, mais cela l'est plus encore pour les enfants Dys qui ont tendance à se réfugier dans leurs idées, leurs projets et qui, n'ayant pas bien le sens du temps, auront du mal à s'organiser seuls. Il vous revient donc de faire preuve d'une certaine rigueur dans la façon de gérer la vie de votre enfant !

- Il est important qu'il dispose d'un nombre suffisant d'heures de sommeil, et il convient pour cela de respecter une stricte régularité dans l'heure du coucher. La recherche biologique a clairement mis en évidence le rôle positif du sommeil dans la mémorisation.
- Le temps consacré aux jeux vidéo, à la télévision, etc. doit être rigoureusement limité dans la semaine. Ces jeux ne procurent aucun véritable repos, même s'ils distraient…
- Avant de lui demander de se mettre à ses devoirs, laissez l'enfant se détendre – sans regarder la télé ! – ; privilégiez une détente physique, ou des jeux sans règle contraignante (Lego®, Playmobil®, poupée, dînette, Kapla®…).
- L'aide aux devoirs à la maison est indispensable, et devrait relever du « partenariat Parents/Enseignant/ Orthophoniste ». Selon le cas, le parent peut lire l'énoncé d'un problème, la leçon d'histoire ou de géographie, faire réciter les leçons. Nous avons déjà souligné que, pour un élève dyslexique, recopier de longues pages ne facilite pas l'apprentissage. Le parent peut éventuellement servir de secrétaire, retaper des notes mal prises en classe…, l'aider à se servir des techniques de communication

moderne – ordinateur, cahier de textes sur Internet, usage d'un logiciel de reconnaissance vocale et retour vocal, usage de livres audio... Ces derniers sont de plus en plus nombreux en France, et, au besoin, faites-les commander par la bibliothèque municipale... !

- Les parents qui travaillent peuvent mettre en place un partenariat avec les « services d'étude de la ville ». Beaucoup de villes ont signé des chartes handicap : il est important que l'aide aux devoirs puisse se mettre en place dans ce cadre. Les associations de parents d'élèves peuvent apporter un soutien pour obtenir de l'aide.

- Veillez à ce que votre enfant lise, si possible tous les jours et pour » son plaisir » des lectures qui l'intéressent, qui soient adaptées à ses goûts. Les bibliothèques municipales proposent un large choix. Si votre enfant est encore en difficulté de lecture, n'hésitez pas à lire avec lui – rituel de lecture le soir – mais aussi « lecture partagée » : l'enfant lit un passage et vous prenez la suite en en lisant un autre, un peu plus long.

Patrice Couteret, enseignant formateur à l'INS-HEA, fait cette comparaison très juste : « *l'apprentissage de la lecture fluente – automatisée – peut être comparée à l'apprentissage d'un sport de niveau des compétitions régionales* » : il y a l'entraînement en salle de sport ou au stade, il y a aussi l'entraînement personnel, le « footing », la musculation,... Dans le cadre de l'apprentissage de la lecture, pour parvenir à la lecture rapide, Patrice Couteret insiste sur l'importance extrême de la pratique et rappelle « le rôle néfaste du temps accordé aux jeux vidéo, s'il est pris sur le temps de lecture ». Attention : ne pas faire de coupure pendant les vacances d'été, et continuer très régulièrement les lectures !

Personnellement, j'ai gardé un excellent souvenir des lectures faites pendant les vacances d'été, histoires pleines d'humour et de drôleries qui nous faisaient rire, mais aussi de passionnants romans écrits pour la jeunesse. Profiter des occasions pour allonger le temps des lectures est indispensable.

10. La formation des parents d'enfants Dys

Le grand avantage d'être parent d'enfant Dys – parce qu'il n'y a pas que des inconvénients – c'est qu'il y a tous les jours quelque chose de nouveau à apprendre ! Soit par l'observation de son enfant, soit en lisant les articles parus dans les revues spécialisées ou les bulletins publiés par les associations, voire dans la grande presse. De nombreux livres paraissent, les congrès sont fréquents. Chaque année en octobre a lieu la Journée nationale des Dys dont les différents medias rendent compte !

L'ouvrage *100+ Idées pour venir en aide aux élèves dyslexiques* donne aux parents des conseils utiles et pratiques, non seulement pour faciliter le travail de leur enfant, mais aussi pour organiser avec lui des jeux instructifs.

Les capacités d'observation des parents dépendent des informations dont ils ont pu bénéficier. Elles sont à la base de l'aide qu'ils pourront prodiguer et des explications qu'ils pourront donner aux autres – enseignants et orthophonistes.

Faire partie d'une association et rencontrer d'autres parents ayant déjà une certaine expérience dans ce domaine s'avère très utile. En adhérant à une association se réunissant dans leur ville ou leur département, les parents pourront plus facilement obtenir des renseignements, du soutien, et se sentiront moins seuls (voir l'Idée 29).

Ne pas oublier le plus important : la découverte des points forts et des talents de votre enfant, et tout faire pour permettre qu'ils s'épanouissent au plus vite pour lui permettre de **bâtir son estime de soi** ! Il faut l'aider à prendre part à des activités extra-scolaires dans lesquelles il pourra réussir brillamment !

Mon fils, grand bricoleur, avait le droit de ramener le jour des « encombrants » tout ce qu'il voulait à la maison : vieilles voitures d'enfants, vieux vélos … mais ce n'est qu'en classe de 4e, que j'ai découvert combien il était doué pour le dessin : pour illustrer ses cahiers, il faisait les plus belles cartes de géographie de la classe… Un autre élève dyslexique s'est enfin épanoui le jour où il a fait partie d'une chorale et qu'il s'est mis à travailler le chant…

ATTENTION AUX MÉTHODES « MIRACLES » qui sont régulièrement proposées aux parents (voir l'Idée 32).

11. Le choix d'une bonne méthode de lecture

Les résultats de la recherche sont indiscutables :
« Il faut enseigner les relations graphèmes-phonèmes – relations entre les lettres et les sons des mots – de manière systématique et explicite, dès le début du cours préparatoire », ainsi que le stipule l'Appel des chercheurs publié en décembre 2006, (voir p. 136).

L'imagerie fonctionnelle cérébrale montre qu'une zone cérébrale spécifique de l'hémisphère gauche – qui est celui où se traite le langage – va se développer au fur et à mesure de l'apprentissage de la lecture.

Or « Le jeune enfant présente une tendance spontanée à traiter chaque objet comme un tout, y compris un mot, qu'il contemplera comme une « image » - en activant une aire cérébrale inadéquate de l'hémisphère droit (car ne pouvant pas servir lors de la lecture) ». Il est donc important, et ceci **dès le tout début de l'apprentissage de la lecture, de faire prêter attention aux « composantes élémentaires » des mots : les lettres** qui activent une zone visuelle de l'hémisphère cérébral gauche appelée à se développer au fur et à mesure de l'apprentissage de l'écrit, que les chercheurs ont appelée « la boîte à lettres du cerveau[*] ». (Stanislas DEHAENE).

Les méthodes de lecture à utiliser doivent donc commencer impérativement par l'apprentissage de la correspondance graphèmes-phonèmes, puis passer à l'apprentissage des syllabes et aux premiers mots – mots fréquents, tout en s'appuyant sur l'apprentissage des petits « mots outils » qui facilitent la lecture des premiers textes.

Le livre publié sous la direction de Stanislas Dehaene que nous avons cité plus haut, s'adresse aux enseignants mais il intéressera aussi les parents ; il comporte des conseils pratiques dans le chapitre : « Grands principes de l'enseignement de la lecture ». Selon nous, il est indispensable de prendre en compte tous les conseils donnés dans cet ouvrage.

---

[*]   Stanislas DEHAENE, *Apprendre à lire, des sciences cognitives à la salle de classe*. Odile Jacob, 2011, p. 41.

Les débats concernant la « méthode globale » devraient être clos depuis plusieurs années, et c'est avec un certain étonnement que nous avons appris qu'une recherche récente[*] (2013) a été effectuée « pour comparer les méthodes alphabétiques ou syllabiques aux méthodes mixtes incorporant la méthode globale ». Cette recherche a bien sûr confirmé le constat des chercheurs, mais il a été fait au détriment des enfants soumis à cette méthode pendant la durée de la recherche.

Stanislas Dehaene que nous avons écouté sur France-Inter, le 12 décembre 2013, s'est adressé aux associations de parents, en leur demandant qu'elles prennent l'initiative de vérifier quelle est la méthode de lecture proposée à leurs enfants. Le grand article de Stanislas Dehaene, chercheur et professeur au Collège de France, publié dans le journal Le Monde *du 22-23 décembre – « véritable cadeau de Noël pour les petits écoliers » – rappelle qu'« Enseigner est une science », et qu'» une prise de conscience est nécessaire pour sauver l'école : l'apport des neurosciences ne peut plus être ignoré ! »*

[*]   Nathalie BULLE, « Priorité à l'exigence académique », *Le Monde*, 13 décembre 2013, p. 20.

12. Rencontrer le ou les enseignant(s)

Il semble souvent difficile pour les parents de prendre ce premier rendez-vous avec le ou les enseignants de leur enfant en difficulté d'apprentissage. D'abord, parce qu'ils ont l'impression de déranger. Dans la classe, les élèves sont nombreux, or c'est pour un seul d'entre eux que ces parents interviennent. Ensuite, avoir un enfant en difficulté d'apprentissage est aussi désolant pour les parents que pour les enseignants. Il faut donc s'armer d'un peu de courage et savoir que les observations listées (voir les Idées 4 et 5) vont être d'un grand intérêt pour l'enseignant. Elles vont lui permettre de mieux comprendre votre enfant et l'amèneront à exposer à son tour ce qu'il a observé chez lui en classe.

- De cet entretien peut naître un projet de coopération entre le parent qui aide aux devoirs à la maison et l'enseignant qui va adapter son enseignement aux besoins de votre enfant. L'enseignant peut aussi conseiller d'autres démarches.

- Peut-être existe-t-il un RASED au sein de son établissement scolaire : le Réseau d'Aides Spécialisées aux Élèves en Difficulté, comporte des maîtres spécialisés – maîtres E, dispensant une aide à dominante pédagogique, ou maîtres G, intervenant auprès d'élèves ayant des troubles psychomoteurs – et des psychologues scolaires. Si votre enfant est pris en charge par un membre du RASED, n'hésitez pas à demander à le rencontrer afin de connaître le type travail ou de rééducation entrepris. Le (la) psychologue scolaire peut observer l'élève en classe sans l'accord des parents, mais il (elle) a besoin de leur autorisation pour évaluer l'enfant au moyen de tests psychométriques ou le prendre en charge de façon individuelle. Les résultats des tests psychométriques seront utiles au médecin, en particulier au médecin du Centre référent.

- L'école peut faire appel au médecin scolaire, formé aux troubles spécifiques des apprentissages, pour examiner et évaluer votre enfant. Il peut également prescrire un bilan orthophonique.
- L'enseignant référent TSL (Troubles spécifiques du langage) de l'école – s'il y en a un – suit l'apprentissage de votre enfant en difficulté.
- En cas de troubles relevant de la dyslexie, l'enseignant vous conseillera sûrement de consulter un orthophoniste. Il est possible que l'enseignant travaille déjà avec cette personne en « partenariat », ce qui représenterait un atout supplémentaire pour les progrès de votre enfant.
- Avant de consulter l'orthophoniste, une consultation chez le médecin traitant est nécessaire pour obtenir une prescription de bilan orthophonique. Le médecin vérifiera que votre enfant entend bien, qu'il voit bien (au besoin, il demandera un examen ORL et un examen ophtalmologique). Il s'interrogera sur l'existence d'éventuelles difficultés psychologiques ou de perturbations familiales.

Attention : on peut être dyslexique tout en ayant des difficultés d'ordre psychologique « primaire ». Par ailleurs, le vécu de l'élève dyslexique peut occasionner de graves troubles psychologiques « secondaires », consécutifs à l'échec scolaire, en particulier des dépressions. Les dépressions chez l'enfant peuvent parfois passer inaperçues par les parents.

Le rendez-vous chez l'orthophoniste peut être difficile à prendre ! Nombre d'orthophonistes sont surchargé(e)s de travail, ils (elles) ont déjà des listes d'attente et mettent souvent leur téléphone sur répondeur, ou ne répondent pas à une demande de premier rendez-vous. Bien spécifier qu'il s'agit d'un premier rendez-vous en vue d'un bilan qu'il est urgent d'établir, et que vous être prêts à aller consulter aux horaires qui conviennent à l'orthophoniste, y compris pendant les horaires scolaires !

13. Les rendez-vous en orthophonie

L'enfant présentant un trouble du langage oral et/ou écrit, ou l'enfant dysphasique et/ou dyslexique, sera pris en rééducation orthophonique. Ses rendez-vous d'orthophonie l'accompagneront pendant de nombreuses années et, tout au long de ce parcours, les parents devront soutenir leur enfant, nouer des contacts fructueux avec le rééducateur et s'intéresser aux contenus des rééducations.

• Les premiers rendez-vous chez l'orthophoniste sont consacrés au bilan prescrit par un médecin. Ce bilan est remboursé à 60 % par la Sécurité sociale, le reste étant pris en charge par la Mutuelle. Il comporte entre autres une évaluation des capacités langagières : langage oral et écrit avec discrimination phonologique (la perception des différents sons du langage) ; une observation des capacités grapho-phonémiques (le tracé des lettres représentant le son correspondant) ; une évaluation du niveau de lecture et de la compréhension de la lecture ; pour les élèves ayant des difficultés en calcul, une évaluation des compétences en cette matière afin de déceler une éventuelle dyscalculie.

• Une fois le bilan terminé, l'orthophoniste doit vous le communiquer et vous l'expliquer. Il en adressera également une copie au médecin prescripteur. Si l'orthophoniste ne rend pas de bilan écrit et vous restitue seulement un bilan oral, insistez, éventuellement via votre médecin, pour l'obtenir. C'est un travail supplémentaire, mais obligatoire, pour l'orthophoniste : ce bilan constitue en effet l'élément de preuve qui vous permettra ensuite de demander des aménagements pédagogiques adaptés à votre enfant.

• L'orthophoniste proposera ensuite une action rééducative qui permettra à l'enfant de faire des progrès, de mieux lire et de mieux écrire, et de mettre en place des stratégies de compensation afin de « contourner » ses difficultés.

Comme tout acte médical ou paramédical, le bilan orthophonique est soumis au secret professionnel. En tant que parent, il vous est néanmoins possible de le transmettre, en totalité ou en partie, à l'enseignant de votre enfant.

• Le bilan doit être transmis au médecin scolaire. Celui-ci rencontrera l'enseignant et lui transmettra des informations utiles sur les troubles de son élève. Jusqu'à présent, la sensibilisation aux troubles des apprentissages du langage fait rarement partie de la formation des enseignants français.

Il est important de savoir qu'une des conditions de réussite de la rééducation est non seulement sa précocité mais aussi le rythme « efficace » des séances. Dans certaines structures – comme les classes pour dyslexiques du Centre référent du Kremlin-Bicêtre, les enfants bénéficient de deux séances journalières. L'idéal serait que l'enfant consultant en ville puisse avoir 2 ou 3 séances d'au moins 30 minutes par semaine à un moment où il est reposé, donc en partie prises sur les heures scolaires, et que le partenariat enseignant/ orthophoniste puisse fonctionner (voir l'Idée 15).

« **Ces stratégies ont souvent besoin d'être réactualisées à chaque étape importante du cursus scolaire** *(CM1, 6ᵉ, 4ᵉ, 2ᵉ).* » (Christine ÉGAUD, *Les troubles spécifiques du langage oral et écrit, les comprendre, les prévenir et les dépister, accompagner l'élève.* CRDP Lyon, 2001).

14. Les interventions préventives précoces

• **Dès l'école maternelle pour tous les élèves des entraînements phonémiques :**
Proposer aux élèves de maternelle des jeux de manipulation de phonèmes :
– écoute des sons, différenciation des sons voisins ;
– identification de ces sons au début ou à la fin des mots ;
– recherche des mots qui commencent ou se terminent par tel ou tel son ;
– comptage des syllabes ;
– modification des mots en remplaçant une syllabe ;
etc.
La collection des éditions de la Cigale proposent des coffrets d'entraînement – entre autres *Phono Mi GS et Multi langage* pour PS/MS/GS, entraînement de référence pour préparer l'apprentissage de la lecture en dernière année de maternelle et faciliter l'entrée dans l'écrit.
Ce type de « jeux d'écoute et de manipulation des phonèmes » est de plus en plus pratiqué à l'école maternelle.

• Pendant le Cours préparatoire :

Pour ceux qui en ont l'habitude et qui de ce fait sont attentifs à la manière dont l'apprentissage progresse, les difficultés de l'élève se perçoivent très vite au cours du CP. De leur côté, les parents ressentent chez leur enfant un « malaise », un sentiment de « confusion » face à l'apprentissage de l'écrit, dont ils ne comprennent le plus souvent pas tout de suite la cause. Tous les enfants qui ont du mal à entrer dans l'écrit ne sont pas de futurs dyslexiques, mais ils risquent d'être en échec scolaire et de devenir de futurs illettrés.

L'expérience italienne (G. Stella et G. Zanzorino[*]) rencontre un succès grandissant dans ce pays, avec la mise en place au cours du CP au sein de l'école d'un dépistage fin janvier afin de découvrir les élèves ayant des difficultés à entrer dans l'écrit. Ces élèves repérés sont pris en petits groupes pour bénéficier d'un entraînement intensif, 3 fois par semaine pendant 45 minutes. Au mois de mai, les groupes « entraînés » sont évalués. Ceux dont les difficultés persistent bénéficieront d'un bilan orthophonique pour rechercher des difficultés « spécifiques » et dans l'affirmative, bénéficieront d'une aide rééducative adaptée.

• Cette intervention d'entraînement présente trois avantages :

– les élèves qui ont récupéré ne sont plus en échec en lecture à leur entrée au CE1, et ne risquent pas de devenir de « faux dyslexiques », ni de futurs illettrés ;
– les enfants présentant des troubles spécifiques d'apprentissage bénéficieront d'une prise en charge rééducative précoce, gage de réussite ;

* G. Stella, G. Zanzorino, « *Pourquoi tester les élèves pendant la première année scolaire (cours préparatoire) ?* », A.N.A.E. n° 114, 2011.

– elle est également une lutte contre l'illettrisme : on sait que 19 % des élèves à l'entrée en 6ᵉ sont en difficulté de lecture (2007) et que 7 % de la population âgée de 18 à 65 ans est en situation d'illettrisme.

15. Un accompagnement efficace de l'élève dyslexique

• **Le « partenariat enseignant/orthophoniste »** est l'une des mesures les plus importantes à prendre.

En effet, tant que l'enseignant propose à l'élève dyslexique des exercices qu'il n'est pas capable de faire, celui-ci est mis en situation d'échec, se décourage, perd son estime de soi et toute motivation. Il est donc primordial qu'enseignant et orthophoniste puissent communiquer et coopérer.

L'orthophoniste connaît parfaitement son élève. Elle (il) suit un plan de rééducation et sait ce que son élève a appris avec elle (lui), quels sont ses moyens et ce que l'enseignant peut exiger de lui en classe, de quoi il est capable et ce qu'il est susceptible de réussir. L'orthophoniste doit pouvoir communiquer ces informations à l'enseignant pour élaborer un plan d'intervention. De même, l'enseignant qui connaît bien les réactions et attitudes de son élève au sein du groupe classe, peut apporter des informations utiles à l'orthophoniste pour aider l'élève à compenser ses difficultés au sein d'une classe : difficultés d'attention, nécessité de conforter l'estime de soi, difficultés dans les relations sociales, timidité …

• **Ce « projet pédagogique » établi avec l'enseignant sera révisé** régulièrement et enrichi. Dès lors que seront offertes à l'élève dyslexique des perspectives de réussite – il faut savoir être « exigeant tout en étant réaliste » – il reprendra confiance en lui. Motivé, il fera des progrès. S'il perçoit la rééducation orthophonique et les aides pédagogiques comme positives, il adhérera mieux aux exercices rééducatifs.

L'enseignant TSL – s'il y en a un dans l'école – joue un rôle primordial dans l'établissement d'un projet pédagogique. Formé aux troubles spécifiques d'apprentissage, cet enseignant guidera le ou les enseignants, tout en suivant les progrès de votre enfant. Catherine Billard *souligne que : « *Quels que soient les soins (rééducatifs) prescrits, les réponses pédagogiques doivent toujours s'y associer, à tout âge et en fonction des difficultés exactes de l'élève dyslexique* ».

Pour résumer les différentes aides qui facilitent la réussite de l'élève en difficultés d'apprentissage, citons Christine Égaud** :

 « *L'efficacité de l'accompagnement des enfants présentant des troubles spécifiques du langage oral ou écrit dépend de :*
 • *la précocité du dépistage,*
 • *la qualité de la rééducation,*
 • *la concordance de la prise en charge - pédagogique et rééducative,*
 • *la coordination et de l'harmonisation des interventions : enseignants, RASED, orthophoniste, médecins, famille.* »

---

 * BILLARD, C., « Prise en charge de l'enfant et de l'adolescent dyslexiques », A.N.A.E. n° 103, p. 263-273, 2009.
 ** ÉGAUD, Ch., *Les troubles spécifiques du langage oral et écrit, les comprendre, les prévenir et les dépister, accompagner l'élève.* CRDP Lyon, 2001.

16. Lire « Le Tiroir coincé » avec votre enfant

L'élève dyslexique est un enfant intelligent, et ses difficultés d'apprentissage ne proviennent pas d'une faiblesse de ses capacités intellectuelles. Il est donc particulièrement sensible à sa « différence », et perçoit son échec scolaire comme une injustice : il culpabilise d'être incapable de faire comme la majorité des élèves de sa classe. Il en vient à douter de lui et du monde des adultes.

La lecture accompagnée par ses parents du *Tiroir coincé, ou comment expliquer la dyslexie aux enfants* *(ce livre peut aussi être lu par l'enseignant aux élèves de la classe) va d'abord lui apprendre qu'il n'est pas le seul à être dyslexique, qu'ils sont des millions de par le monde… et que ce n'est pas de sa faute s'il éprouve ces difficultés.

Le fait que la nature de ses difficultés lui soient expliquées clairement grâce à des dessins amusants, tout en étant exactes dans leur description – en particulier, l'importance de ce « lexique interne » dont nous nous servons sans cesse, aussi bien pour lire que pour écrire – va lui permettre de mieux comprendre le bien-fondé de sa rééducation.

Les quatre copains dyslexiques qui sont les personnages de ce livre expliquent très bien comment chacun « contourne à sa façon » ses difficultés pour faciliter ses apprentissages.

Votre enfant débutera sa propre réflexion sur ce sujet et accédera ainsi à ce que les scientifiques appellent la « métacognition ». Cette réflexion va le responsabiliser et le motiver dans ses efforts. Il apprendra également comment

---

* Anne-Marie MONTARNAL, *Le Tiroir coincé*. Éditions Tom Pousse, 2011.

fonctionne la mémoire et se demandera s'il s'y prend correctement pour bien se rappeler. Enfin il s'interrogera sur la possibilité de « mieux faire ! »

Le Tiroir Coincé traite aussi de l'adaptation de l'environnement aux besoins spécifiques des élèves dyslexiques :
- en classe, les adaptations pédagogiques ;
- en rééducation, les liens qui se nouent avec le rééducateur ;
- à la maison pour mieux profiter de l'aide parentale ;
- l'aide que peut fournir un logiciel de reconnaissance vocale et retour vocal.

Les quatre petits personnages du livre ont chacun des domaines dans lesquels ils excellent, reconnus par tous : camarades de classe, enseignants et membres de la famille...

Après avoir lu ce livre, votre enfant va immanquablement se demander :

« Dans quel domaine suis-je doué ? Qu'est-ce que j'aimerais faire ? Du tennis, du VTT, de la peinture, de la musique, du bricolage... ? »

N.B. Les « explications concernant les difficultés dyslexiques » présentées dans le Tiroir coincé *sont destinées aux jeunes enfants, celles présentées dans* Adultes dyslexiques *peuvent déjà concerner l'adolescent.*

17. Du bon usage des écrans

Une enquête publiée par le journal *Le Monde* (supplément du 26 février 2011. www.Le Monde.fr) rend compte de la place « débordante » qu'occupe aujourd'hui chez les enfants l'usage de la télévision, des ordinateurs, des consoles de jeux vidéo, des baladeurs MP3, des smartphones... L'enquête révèle la préoccupation des parents et conclut à la nécessité de réguler l'usage de ces écrans et de le limiter dans le temps... même si ce n'est pas toujours facile ! Cette limitation dans le temps est particulièrement importante chez les élèves dyslexiques qui doivent s'exercer à lire régulièrement tous les jours, car seule la pratique les fera progresser (voir l'Idée 9). Or cette pratique « dévorante » des jeux vidéo risque de les conduire à ne plus lire du tout.

Ces précautions étant prises, il faut néanmoins insister sur l'importance du bon usage des ordinateurs qui facilitent l'accès à l'écrit pour les dyslexiques. Cet usage fortement recommandé est sans doute encore sous-employé à l'heure actuelle en France[*].

Énumérons quelques-unes de ses possibilités :
• scanner un texte pour en faciliter la lecture en permettant de l'imprimer dans des caractères rendant sa lecture plus facile. À chaque élève de faire le choix des caractères qui lui semblent les plus agréables, les plus lisibles.

---

[*]   Voir par exemple, l'article de Patrice COUTERET, « Les Tice au service des élèves avec Troubles spécifiques des apprentissages (TSA) ». *La nouvelle revue de l'adaptation et de la scolarisation* – n° 48, 4e trimestre 2009.
    http://laboutique.inshea.fr/site/Nras/n48/Couteret.pdf

- apprendre l'usage du clavier en utilisant les dix doigts, ce qui implique de faire régulièrement des exercices afin d'atteindre une dextérité et une vitesse suffisante. Il existe d'excellentes méthodes. Ainsi l'élève pourra saisir les textes des devoirs en utilisant un correcteur d'orthographe, et au besoin avoir également accès à un dictionnaire de synonymes ou une prédiction de mot.
- faciliter la construction d'un texte : les logiciels de traitement de texte permettent de déplacer par copier/coller une phrase placée au mauvais endroit, ou de mettre des mots dans un ordre différent. (N'oublions pas que la rédaction d'un brouillon est très coûteuse en temps et en énergie pour un élève dyslexique, car il devra ensuite recopier ce brouillon.)
- disposer d'un logiciel à reconnaissance vocale (par ex., Dragon Naturally Speaking®) peut rendre de grands services, en particulier en classe – avec l'accord de l'enseignant – pour prendre un cours en note, l'élève répétant à voix basse à l'ordinateur ce que l'enseignant énonce au tableau, ou à la maison, pour construire un texte.

L'ergothérapeute, qui travaille sur prescription médicale, est habilitée à enseigner à l'élève dyslexique le maniement du clavier d'ordinateur et l'usage des différents logiciels cités plus haut.

L'usage d'un logiciel à retour vocal servira aux élèves pour qui la lecture – surtout si celle-ci se révèle longue – pose problème. Là aussi, il faut demander le fichier informatique du texte à lire, ou le scanner pour l'écouter lu par le logiciel. Un magnétophone peut également être utile pour s'enregistrer et s'écouter, par exemple pour apprendre un poème par cœur.

Sur un plan culturel, l'apport des programmes proposés par de nombreuses chaînes de télévision est important, surtout pour les enfants lisant peu. Utilisez un lecteur de DVD enregistreur ou les programmes « vidéo à la demande » si les horaires ne sont pas pratiques.

18. Le travail à la maison : la lecture

Faites faire la relecture immédiate du texte de lecture donné à lire par le maître : ce bon conseil est celui de Paul-Michel Castellani[*], l'enseignant du CP de ma petite-fille : le texte donné à lire par l'instituteur et figurant dans le livre de lecture doit être lu une première fois et relu tout de suite une seconde fois.

« Arrivée à la fin de sa première lecture, ma petite-fille prenait une grande inspiration et recommençait la lecture au début du texte. Il était intéressant d'observer combien cette seconde lecture était meilleure que la première, sans doute par la simple mémorisation du texte, mais aussi par le fait qu'un nombre de mots qui la première fois avaient fait l'objet d'un décodage un peu hésitant, étaient manifestement reconnus tout de suite et lus facilement... ce qui peut être considéré comme un début de construction du fameux « lexique interne ». Elle était également consciente de l'effort fourni, et contente de son progrès qu'elle percevait. »

---

[*] Paul-Michel CASTELLANI, *L'Âge de lire*. Méthode d'apprentissage de la lecture. Livre de lecture courante et Cahiers d'activités. Éditions Tom Pousse, 2011.

Au cours de la première année de lecture, encouragez l'utilisation d'un guide ligne qui facilite la direction du regard en ligne horizontale. Les mouvements oculaires de la lecture, faits de fixations successives séparées par des mouvements de saccades, doivent s'automatiser progressivement. D'où l'importance aussi d'une quantité suffisante de temps passé à lire.

Ne pas se limiter dans les lectures au seul texte de la méthode de lecture de la classe. Paul-Michel Castellani introduisait dès le mois de janvier le prêt de petits livrets de la bibliothèque de la classe à ses élèves. Il existe de nombreux petits livres « premières lectures » que vous pouvez trouver en librairie ; parmi d'autres, ceux publiés par L'Harmattan jeunesse. Bientôt ma petite-fille empruntait quatre livrets d'un coup et je crois qu'il devait exister « entre les élèves » un concours pour savoir lequel d'entre eux allait être le premier avoir lu tous les livrets. Voir les conseils de Patrice Couteret (voir ci-dessus les idées n° 9 et 17) *Lire pour son plaisir tous les jours.*

Procurez à votre enfant une lecture qui l'intéresse : dès lors que l'élève se découvre une « passion », livres d'aventures ou d'explorations en terres lointaines, histoires de navigations, livres de cuisine ou de jardinage… la curiosité le mènera à lire et il faut chercher à trouver des livres adéquats. En particulier, dans les bibliothèques municipales : « *Volontaire pour planter le gazon de notre jardin, mon fils a commencé à lire très attentivement deux livres de jardinage pour réussir son travail.* »

Lire avec l'enfant dyslexique, en lecture alternée. Si vous trouvez qu'il ne lit pas assez, profitez des vacances et des moments de calme pour lui faire la lecture. Il pourra lire quelques passages, vous vous réservez la plus grande partie.

Il existe à l'heure actuelle un grand choix de livres audio accompagnés d'un CD. Il est donc possible d'écouter la lecture, tout en suivant le texte.

Pour certains élèves ayant une bonne mémoire auditive mais des difficultés de lecture encore importantes, il est possible de scanner le texte d'une leçon d'histoire ou de sciences naturelles …

19. Le travail à la maison : les devoirs à faire.

Un premier point important est de s'assurer que votre enfant a bien noté la totalité des devoirs à faire. Il arrive, lorsque les devoirs à faire sont donnés en classe à la fin de l'heure de cours, qu'un certain bruit ou une agitation règne : les consignes sont données rapidement, il faut écrire vite pour les noter. Tel élève n'a pendant son année de 6e jamais pu noter les devoirs à faire et sa mère téléphonait à un camarade de classe pour avoir les renseignements.

D'autres solutions sont possibles :
- L'élève dyslexique apprend à écrire en abréviation pour noter plus vite ;
- Un camarade de classe sert de tuteur pour lui noter ses devoirs ou vérifier qu'ils ont été correctement notés – ce qui implique que la dyslexie soit expliquée à la classe ;
- Les devoirs à faire sont accessibles par internet sur le site de l'école.

La fatigabilité de l'élève dyslexique : tous les élèves sont fatigués lorsqu'ils reviennent de l'école, et les élèves dyslexiques le sont encore plus, car ils ont pu vivre une situation de stress, ils fournissent un effort cognitif plus coûteux pour accomplir les tâches requises.

Il faut donc donner à votre enfant un moment suffisant pour se reposer, en lui offrant à goûter, en lui permettant de se détendre.

Se rappeler que des exercices longs impliquant des copies ne lui servent pas pour apprendre et mémoriser. Voir s'il est possible de les raccourcir.

Amener son enfant à rechercher dans quelles conditions il apprend le mieux :

- Dans quel coin de sa chambre, avec quel éclairage, avec une musique d'ambiance ou au contraire un calme absolu ? A-t-il envie de bouger en apprenant ?
- A-t-il envie de tout réécrire en grand sur des grandes feuilles en utilisant des surligneurs de couleurs ?
- A-t-il envie de réciter à voix haute, peut-être est-ce mieux de s'enregistrer pour s'écouter.

Les parents peuvent aider leur enfant à s'organiser : quel devoir faire en premier, comment s'organiser au cours de la semaine.

Les parents peuvent servir utilement de secrétaire : pour faire apprendre la leçon et la faire réciter, en écrivant sous sa dicter une dissertation. En retapant des textes illisibles pris en note en classe afin que l'élève puisse les lire. Il est important que les parents soient capables de s'adapter à chaque situation.

Les parents doivent pouvoir aider l'accès à l'ordinateur, car certains logiciels sont d'utiles moyens de compensation : logiciels avec un correcteur d'orthographe, avec prédiction de mots, correcteur de grammaire ou de syntaxe ; logiciels contenant un dictionnaire. Il existe aussi des dictionnaires électroniques.

Certains élèves préfèrent visualiser les informations à apprendre sous forme de cartes heuristiques – ou cartes mentales – présentées de façon arborées. Des logiciels existent pour cela, mais il est possible de les dessiner soi-même.

Des logiciels peuvent faciliter l'apprentissage des langues étrangères, ils permettent d'entendre la prononciation correcte, d'accéder à une répétition à volonté, ils contiennent également un dictionnaire.

Il existe des logiciels à synthèse vocale qui liront un texte préalablement scanné.

À l'inverse, les logiciels à reconnaissance vocale servent à écrire ce que l'élève dicte. Il faut que l'enfant dyslexique apprenne à s'en servir.

Les ergothérapeutes peuvent intervenir pour l'apprentissage de l'ordinateur et aider à choisir les logiciels les mieux adaptés.

Les parents connaissent le mieux leurs enfants et ont donc les moyens d'adapter les aides possibles, d'aller en discuter aussi bien avec l'enseignant qu'avec l'orthophoniste.

20. Jouez et amusez-vous avec votre enfant, sensibilisez-le à la culture !

Proposez-lui des activités dans de nombreux domaines :

À l'oral

Jeux pour développer la perception phonémique – celle des sons qui composent les mots. Par exemple : combien peux-tu trouver de mots commençant par le son « b » : *bateau, boulanger, bâton, beefsteak*… ; par le son « ch » : *chapeau, châtaigne, cheval*… ; de mots contenant le son « en » ou « an » : *enfant, cerf-volant*… ; ou le son « on » : *savon, ballon*… Chacun répond à tour de rôle, c'est à celui qui trouve le plus d'exemples de mots recherchés.

S'amuser à enlever le premier son d'un mot : « ableau » au lieu de *tableau*… ; ou à remplacer les voyelles d'un mot par d'autres : *tapis* par « tipas »,… ; trouver des mots qui riment !

Jouer avec les morphèmes « dérivationnels » : *dent*, donne aussi : *dentiste, dentier, dentifrice*… ; *châtaigne, châtaignier, châtaigneraie* ; *café, cafetière, caféine*…

Lecture

Nous avons déjà signalé l'importance des lectures en plus des textes donnés à lire par l'enseignant, l'importance aussi de la lecture quotidienne pendant les vacances : les lectures que vous faites à votre enfant, mais qui peuvent se faire aussi de façon alternée ou à deux voix, textes humoristiques, récits d'aventures, ou grands romans dont les épisodes à suivre seront passionnants.

Rédaction

Faites des promenades de découvertes, des visites de musées, proposez à votre enfant de tenir un journal, demandez-lui de le rédiger et de réaliser des illustrations, dessins ou photos. C'est une excellente occupation pendant les vacances.

Jeux éducatifs

On peut en trouver de nombreux dans le commerce. Par exemple, le jeu de Scrabble® dont il existe des versions pour enfants amuse tout le monde et à tout âge ! On propose des lettres qu'il faut assembler en mots : les personnes dyslexiques ont le plus souvent pleins d'idées de mots … dont l'orthographe n'est pas forcément juste.

Parmi les jeux éducatifs nous avons noté aussi : dès la maternelle, « Pour progresser et réussir mon entrée au CP », et de nombreux jeux offrant des lettres pour composer des mots tout comme le fait le jeu de Scrabble®.

- Attention : un certain nombre de jeux proposent également la lecture de mots, accompagnés ou non de l'image de ce qu'ils représentent. **Surtout, ne pas utiliser ces « mots à lire » tant que l'enfant n'a pas acquis une bonne connaissance des correspondances graphèmes/ phonèmes et la lecture des syllabes.** Offrir un tel jeu trop tôt serait un cadeau empoisonné puisqu'il ne sollicitera pas les aires cérébrales de l'hémisphère gauche permettant la lecture mais les aires visuelles droites dédiées à la vision des images.

21. Les enseignants spécialisés TSL

Les enseignants TSL, spécialisés dans les Troubles spécifiques du langage, sont peu connus des parents, sans doute parce qu'ils sont relativement peu nombreux dans notre pays. Or leur rôle est capital, parce qu'ils adaptent leur enseignement aux besoins particuliers de chaque élève dyslexique. Ils travaillent ainsi de concert avec l'orthophoniste et l'enseignant de la classe ; ils peuvent rencontrer les familles pour leur donner des conseils et des explications. Ils aident à repérer au sein de la classe des élèves en grande difficulté de lecture et qui peuvent se révéler « Dys ».

Le nombre et l'affectation de ces enseignants varie d'une académie à l'autre. On les rencontre notamment :
- dans les centres référents qui peuvent bénéficier d'un enseignant TSL participant à l'évaluation et prenant en charge les contacts avec l'école et la famille ;
- ils peuvent être affectés dans une CLIS ou une ULIS lorsque ces classes reçoivent des élèves dyslexiques ;
- dans certains départements, en particulier dans le cadre des RASED, les enseignants TSL peuvent être des maîtres E – formés à la rééducation des TSL – et participer au suivi des élèves de la circonscription ;
- dans les MDPH, ils participent à l'élaboration d'un PPS, et de la mise en œuvre des compensations accordées aux élèves ;
- ils collaborent aux équipes de formation des autres enseignants dans le domaine des troubles des apprentissages.

22. Demander un bilan neuropsychologique

Le bilan orthophonique se limite à l'évaluation des troubles du langage oral et écrit. Le bilan neuropsychologique va évaluer l'ensemble des capacités « cognitives », c'est-à-dire les différents processus engagés dans les apprentissages, comme la perception (en particulier visuo-spatiale), le raisonnement, le langage et la mémoire, en fonction des exigences scolaires auxquelles l'élève est soumis.

Le bilan neuropsychologique comprend d'une part des tests quantitatifs étalonnés, objectivant le trouble et son intensité, ainsi que d'éventuels troubles associés, et d'autre part, des tests qualitatifs pour évaluer la « *nature des erreurs et des échecs de l'enfant* » – en essayant d'analyser comment celui-ci s'y prend au fil des différents processus d'apprentissage dans lesquels il est en échec.

Ce bilan, qui n'est pas obligatoire, a lieu d'être si l'enfant est en souffrance, que son échec scolaire est patent et que vous-même êtes déconcertés par cette situation. Certaines MDPH le demandent de façon presque systématique. Le bilan neuropsychologique permettra de comprendre et de cerner les difficultés de votre enfant, de voir quelles sont les capacités déficientes, mais aussi lesquelles sont intactes et sur lesquelles il faudra s'appuyer pour mieux l'aider.

De plus, le bilan neuropsychologique vous rassurera sur l'intelligence de votre enfant. Ce bilan vous sera expliqué par le neuropsychologue et, si vous décidez de le transmettre, il servira à tous les intervenants prenant en charge votre enfant.

Pratiqué en libéral, son coût est élevé. Il peut être remboursé par la Sécurité sociale s'il est pratiqué dans un Centre médico-pédagogique (CMP) ou un Centre médico-psycho-pédagogique (CMPP).

Il est également pratiqué dans les Centres hospitaliers et les Centres référents. Il faut savoir que le temps d'attente pour un rendez-vous en Centre référent est très long actuellement : plusieurs mois (*par exemple à l'Hôtel-Dieu de Nantes, en février 2011, il était de 18 mois !*) Or cette attente peut être fort dommageable pour votre enfant.

23. Les « multiDys », ou les troubles DYS partagés

L'existence éventuelle chez un même enfant de différents troubles DYS, tels que dyslexie, dysphasie, dyscalculie, dyspraxie ou trouble de l'attention/hyperactivité, doit être connue des parents, à la fois parce qu'elle expliquerait les difficultés scolaires de leur enfant et qu'elle leur permettrait de comprendre le bien fondé des différentes rééducations à mettre en place, ainsi que la nécessité d'ajuster les aides pédagogiques.

Pour Michel Habib, neuropédiatre au Centre référent de l'hôpital de la Timone à Marseille, la dyslexie n'est « *en fait qu'un des éléments d'une constellation de troubles divers ayant en commun deux caractéristiques : la fréquence de leur co-occurrence, et leur indépendance du fonctionnement intellectuel global de l'enfant.* »

dyslexie

dysphasie

Syndromes spécifiques
neurodéveloppementaux

dyspraxie

trouble de l'attention
hyperactivité

dyscalculie

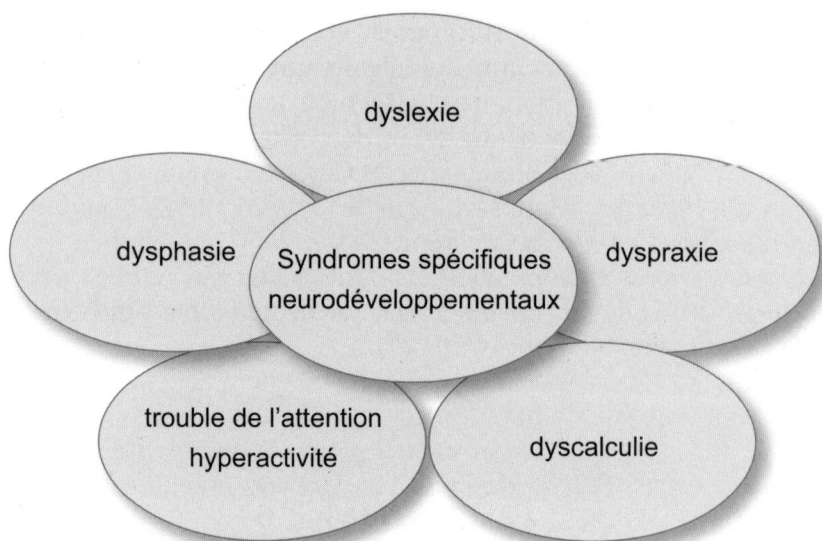

La création en 2006 des Centres référents avec la pratique des bilans neuropsychologiques a permis de mieux cerner l'association de ces difficultés et de réaliser des travaux statistiques.

On peut notamment citer une étude menée de 2006 à 2009 au Centre référent du CHU de Lyon. Cette étude, qui portait sur 650 enfants examinés dans le service durant cette période, révélait que :

- 61 % ont une forme pure, avec un seul trouble DYS ;
- 35 % présentent deux troubles DYS associés ;
- 4 % présentent trois troubles DYS associés.

Les élèves multiDys, doivent pouvoir bénéficier de rééducations multiples. Il convient en outre d'adapter les interventions pédagogiques de l'équipe éducative et l'aide apportée par leurs parents à leurs besoins spécifiques.

Rappelons avec Gavin Reid l'importance de rechercher la façon particulière dont l'enfant peut apprendre. Voici l'occasion pour les parents de parfaire et enrichir ce « nouveau métier » que nous mentionnons au début de cet ouvrage (voir l'Idée 5).

Quelques statistiques :
- 5 à 8 % de la population est dyslexique.
- 50 % des dyslexiques ont également des troubles dyspraxiques.
- 50 % des dyslexiques ont également des troubles spécifiques de l'attention avec ou sans hyperactivité. Les troubles de l'attention sans hyperactivité peuvent passer inaperçus, l'élève donnant l'impression d'écouter et de faire attention…
- 8 % des enfants sont dysphasiques, dont 85 % sont aussi dyslexiques.
- 25 à 30 % des dyscalculiques sont aussi dyslexiques
- 30 % des enfants précoces ont un troubles DYS associé. La précocité peut alors masquer le trouble spécifique d'apprentissage, et réciproquement.

(d'après le Bulletin APEDA France 70).

spécifique à la dyslexie   en commun   spécifique à la dysphasie

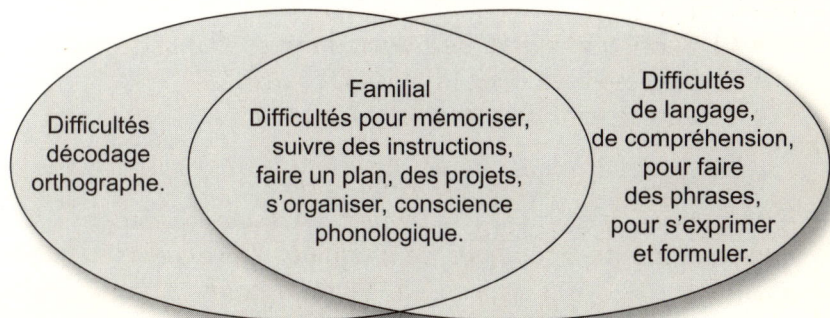

Difficultés décodage orthographe.

Familial
Difficultés pour mémoriser, suivre des instructions, faire un plan, des projets, s'organiser, conscience phonologique.

Difficultés de langage, de compréhension, pour faire des phrases, pour s'exprimer et formuler.

spécifique à la dyslexie   en commun   spécifique à la dyspraxie

Difficultés
décodage
orthographe.

Familial
Troubles : traitement
information, mémoire,
latéralisation, suivre des
instructions, attention,
sens de la direction,
difficultés séquentielles,
pour copier du tableau,
notion du temps..

Troubles de la
coordination
motrice

spécifique à la dyslexie   en commun   propre aux TDAH

Difficultés
décodage
orthographe.

Familial
Doué / créatif
Difficultés pour mémoriser,
suivre des instructions,
s'organiser, persévérer.

Difficultés pour
faire attention,
contrôler son
Impulsivité..

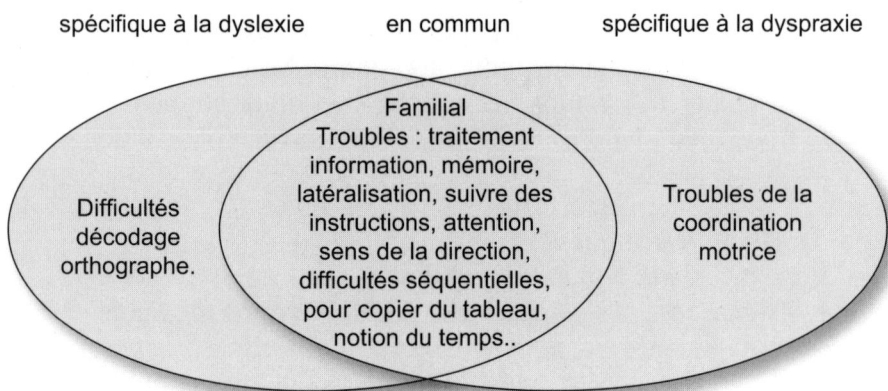

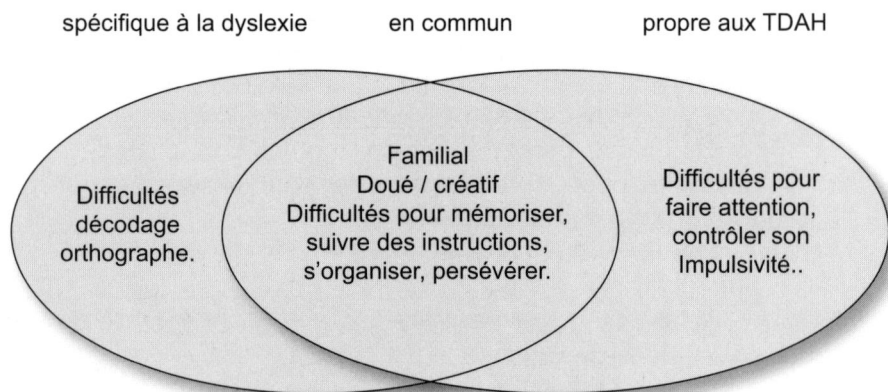

Schémas modifiés d'après Pamela DEPONIO, « The co-occurrence of specific learning difficulties : implications for identification and assessment », in Gavin REID et Angela FAWCETT (éd.), *Dyslexia in Context*. Whurr Publishers, 2004, p. 323.

24. À chaque étape de la scolarité, conservez les documents

Conservez le plus possible de documents scolaires de vos enfants : ils pourront servir plus tard pour faire une analyse de son parcours, de ses difficultés, ou encore pour obtenir des aménagements aux examens. Vous conservez ainsi : les carnets scolaires, certaines copies d'évaluation et des cahiers, surtout ceux qui comportent des remarques concernant les difficultés ou les réussites.

En effet, sans vouloir alarmer personne, il se peut qu'un enfant intelligent compense suffisamment ses difficultés au point que les adultes, et même les enseignants attentifs, ne les perçoivent plus. Mais elles peuvent réapparaître plus tard, lorsqu'au collège, le jeune devra fournir plus d'efforts, apprendre une langue étrangère, atteignant ses limites individuelles de compensation. On risque alors de faire à tort un amalgame avec des difficultés dues à l'entrée dans l'adolescence.

L'association APEDA France reçoit de nombreux témoignages de dyslexies diagnostiquées tardivement au collège en 6e, ou même en 3e ! Pour être reconnus par l'institution et bénéficier d'aménagements pour passer les examens (brevet, CAP, BEP, BAC…), les collégiens et les lycéens, voire les étudiants, doivent apporter la preuve de leurs difficultés spécifiques. À ce stade, et quel que soit le parcours antérieur, il faudra passer directement par le Centre référent des troubles du langage et des apprentissages, puis par la demande d'aménagement aux examens. Il est largement souhaitable de ne pas attendre les derniers mois avant l'examen pour faire élaborer un projet individuel de prise en charge, et surtout prévoir un entraînement de l'élève afin qu'il puisse bien gérer les aménagements demandés.

Gardez les comptes-rendus des bilans effectués par les différents intervenants consultés : orthophonistes, psychologues, neuropsychologues… Ces documents pourront vous être demandés tout au long du parcours scolaire de votre enfant, y compris à son entrée à l'Université lorsqu'il pourra demander de l'aide au Centre ressource, en particulier pour bénéficier d'aménagements aux examens.

25. Prendre rendez-vous dans un Centre référent

Le rapport Ringard (février 2000), suivi du « Plan d'action interministériel en faveur des enfants atteints de troubles spécifiques du langage » est à l'origine de la création des Centres référents en France. Implantés dans les Centres hospitaliers régionaux, ces Centres sont composés d'équipes permettant de pratiquer des bilans pluridisciplinaires, en particulier neuropsychologiques (voir ci-dessus l'Idée 22) évaluant les différents domaines des troubles d'apprentissage de vos enfants ainsi que leurs compétences.

Les Centres référents n'assurent pas la prise en charge des enfants – sauf lorsqu'il existe des classes intégrées au Centre – mais ils communiquent les résultats de leurs évaluations et donnent des conseils sur les meilleures façons de procéder aux différents intervenants : orthophoniste, psychologue, psychomotricien, ergothérapeute et enseignants, ou à l'enseignant TSL chargé de faire le lien entre le Centre référent et l'école.

Ils doivent également expliquer aux parents – en langage clair, celui que vous comprendrez – les tests passés par leurs enfants et leur signification. N'hésitez pas à poser des questions. Il est en effet essentiel que vous compreniez votre enfant afin de l'aider de votre mieux. C'est à vous aussi qu'il incombera d'expliquer à votre enfant le pourquoi de ces évaluations, qui ne sont pas des « examens » au sens scolaire du terme. N'oubliez pas de lui dire que s'il est dyslexique, ce n'est ni de votre faute ni de la sienne.

Vous pouvez communiquer les résultats du bilan au médecin scolaire de l'établissement de votre enfant, s'il ne l'a pas directement reçu du Centre référent et à l'enseignant référent de l'école ou l'enseignant TSL.

Il faut savoir que les délais d'attente pour avoir un rendez-vous sont longs – il n'y a pas assez de Centres référents en France, et surtout, leurs moyens sont limités en personnel : psychologues cliniciens, neuropédiatres, neuropsychiatres, orthophonistes…

Vous trouverez la liste des Centres référents sur le site Internet de l'Institut national de prévention et d'éducation pour la santé (INPES) :
http://www.cfes.sante.fr/
Cliquer sur l'espace thématique « troubles DYS », puis sur « les Centres de référence » et enfin sur le mot « coordonnées ». La carte de France paraît sur l'écran, il ne vous reste plus qu'à choisir votre région pour avoir les adresses. Si vous êtes pressés, téléphonez dans plusieurs centres pour voir lequel vous offre le rendez-vous le plus prochain.

26. Le partenariat enseignant/orthophoniste et le Projet d'accueil individualisé (PAI)

Le médecin scolaire titulaire de l'établissement fréquenté par votre enfant est formé aux troubles des apprentissages et il sait analyser les données des bilans orthophoniques ou neuropsychologiques. Prenez rendez-vous avec lui et transmettez-lui les bilans en votre possession. Suivant les conclusions, il pourra avec votre accord, communiquer des informations à l'enseignant pour que celui-ci adapte sa pédagogie aux difficultés de votre enfant. Si le médecin scolaire n'est pas disponible, il est important que vous communiquiez les informations en votre possession à l'enseignant et que vous preniez contact avec l'orthophoniste afin d'aider à la mise en place d'un **partenariat enseignant/orthophoniste** (voir l'Idée 9)

Une des formes que peut prendre ce partenariat est l'établissement d'un **Projet d'accueil individualisé (PAI)**. Ce projet ne fait pas l'objet de déclaration aux instances relevant du handicap, il vous libère donc des démarches à faire à la Maison Départementale des personnes handicapées (MDPH). C'est déjà une première reconnaissance qui établit une convention interne à l'établissement où votre enfant est scolarisé. Une réunion de l'équipe éducative sera organisée par le chef d'établissement avec les parents, le médecin scolaire, l'enseignant, le ou les rééducateurs : orthophoniste, psychomotricien, psychologue, et les membres du RASED – enseignant spécialisé TSL et psychologue – s'ils interviennent.

Cette équipe organisera au mieux la scolarité de votre enfant : aménagements des devoirs, soutien, organisation de l'emploi du temps avec, éventuellement, des rééducations prises sur le temps scolaire, intervention d'une SESSAD venant dans l'établissement (pour cette dernière intervention il faut une notification de la CDAPH, et donc une reconnaissance du handicap par la MDPH !).

Le PAI peut être transmis d'un médecin scolaire à l'autre en cas de changement d'établissement. Le PAI a pour avantage d'anticiper la scolarité future en facilitant la transmission d'informations d'une caisse de Sécurité sociale à l'autre, et d'un établissement à l'autre, ainsi que de prévoir les aménagements aux examens.

Le projet pourra être suivi au moyen du « livret de suivi de l'enfant dyslexique », établi par l'académie de Grenoble que vous pourrez télécharger à l'adresse suivante :

http://www.ash.edres74.ac-grenoble.fr/IMG/pdf/ Doc_16p_Dyslexie_Double_page.pdf

27. L'établissement d'un Projet personnalisé de scolarisation (PPS)

Cette démarche vous fait entrer dans le « monde du Handicap ». Ce n'est pas toujours facile à accepter, compte tenu de l'image négative véhiculée par ce mot. Cependant il faut reconnaître que l'élève dyslexique « **est en situation de handicap face à l'écrit** ».

C'est dire l'importance des prises en charge pédagogiques adaptées aux besoins de ces élèves qui seront facilitées si vous obtenez pour votre enfant le bénéfice d'un **Projet personnalisé de scolarisation (PPS)**, qui vous oblige à faire

les démarches nécessaires pour constituer un dossier de reconnaissance de handicap à la Maison départementale des personnes handicapées (MDPH). Ce dossier s'obtient auprès des services sociaux des mairies (CCAS) ou en le téléchargeant sur le site Internet de la Caisse nationale de solidarité pour l'autonomie (CNSA) :
http://www.cnsa.fr/rubrique.php3?id_rubrique=116

Une fois obtenue la reconnaissance de handicap, l'élève bénéficiera d'un Projet personnalisé de scolarisation (PPS). Tel qu'il est défini par l'article L 112-2 du Code de l'Éducation, il organise la scolarité de l'élève handicapé. Outre les modalités du déroulement de la scolarité, il précise, le cas échéant les actions pédagogiques, psychologiques, paramédicale et rééducatives répondant aux besoins particuliers de l'élève.

Comme pour le PAI, une équipe éducative se réunira. La différence est que celle-ci sera organisée par **l'enseignant référent** après que les parents auront pris contact avec lui : **ce sont en effet les parents qui ont l'initiative du PPS** et qui en adressent la demande à la MDPH (Maison départementale des personnes handicapées). À cet effet, ils peuvent prendre contact avec l'enseignant référent pour être informés avec précision sur la démarche à suivre.

Cet enseignant spécialisé suit les dossiers des enfants en situation de handicap à l'intérieur d'une zone géographique. Il aide, conseille et accompagne les parents dans l'organisation de la scolarité de leur enfant. Ses coordonnées peuvent être communiquées par le directeur de l'école, l'inspecteur de circonscription, ou l'inspecteur ASH (Adaptation scolaire et scolarisation des élèves handicapés). Les enfants scolarisés en établissement privé sous contrat avec l'Éducation nationale peuvent également bénéficier d'un PPS.

28. Fonctionnement d'un PPS

Afin de pouvoir offrir aide et soutien à votre enfant, vous l'avez fait reconnaître dans sa différence : vous ne le regretterez pas, d'autant que le PPS est reconductible d'une année sur l'autre. Cette reconnaissance est nécessaire pour l'aider à surmonter ses difficultés et pouvoir bénéficier de toutes les aides pédagogiques répondant à la fois à son handicap et à ses potentialités.

Tout comme pour le PAI, le fonctionnement du PPS requiert :
- une rencontre obligatoire des différents intervenants autour de l'enfant : le médecin scolaire, le médecin traitant (s'il le désire), le directeur d'établissement (école, collège ou lycée), le (ou les) professeur(s), le(s) rééducateur(s) (orthophoniste, psychomotricien, psychologue…), le conseiller d'orientation et les parents.
- C'est l'enseignant référent qui organise les réunions de l'équipe éducative et de suivi de la scolarisation, avec notamment l'établissement des objectifs et des moyens à mettre en œuvre pour les atteindre.
- L'enseignant référent fixera les dates des réunions, à une fréquence variable (mensuelles ou trimestrielles) pour faire le point sur les progrès de l'enfant, les objectifs visés et l'éventuelle opportunité d'adopter de nouvelles mesures.

Le PPS comporte :
- des aménagements pédagogiques, et, si nécessaire, des aménagements de l'emploi du temps ;
- les attributions d'aides techniques (ordinateur, logiciel) ou humaine (Auxiliaire de vie scolaire) ;

• les orientations en cours de cycle ou en fin de cycle vers une prise en charge en CLIS ou en ULIS, voire la possibilité de bénéficier d'une SESSAD.

Concrètement, le PPS va permettre que :
• les rééducations nécessaires puissent se faire sur le temps scolaire. Parfois les transports vers les lieux de rééducation pourront être organisés et pris en charge, ailleurs c'est l'orthophoniste qui peut être accueillie dans l'école... il n'y a pas de règle, tout est une question de moyens et de bonne volonté.
• l'enfant puisse utiliser l'outil informatique comme aide pédagogique : un ordinateur sera mis alors à sa disposition, avec des exercices spécifiques à réaliser et un correcteur d'orthographe et, éventuellement aussi une reconnaissance vocale avec retour vocal. Dans certains cas, il sera possible de disposer d'une AVS.

Quelques exemples d'aménagements pédagogiques :
• copie des cours par le professeur, donnée à l'élève, lui permettant d'économiser son énergie et de la consacrer à l'écoute du cours, à sa compréhension et aux exercices d'application.
• l'élève peut être interrogé à l'oral. Les exercices « à trous » seront préférés à ceux nécessitant des copies longues, à condition que les « trous » soient placés en fin de ligne (si non l'élève s'arrête de lire une fois arrivé au trou !).
• Dans les autres matières que le français, l'orthographe ne fera pas partie des barèmes de notation.
• Un système de tutorat (un élève est chargé d'aider votre enfant) peut être mis en place au sein de la classe, par exemple pour l'aider à copier les devoirs à faire. Introduits

depuis peu, les cahiers de texte en ligne devraient permettre de contourner cette difficulté.
- Les exigences en termes d'apprentissage seront adaptées. Ainsi, par exemple, l'enfant pourra, pendant un temps, résoudre des problèmes mathématiques avec une copie des tables de multiplication en support.
- La quantité de devoirs sera adaptée à ses capacités.

29. Redoubler ou pas ?

Force est de constater que les parents qui contactent notre association, nous disent très souvent que leur enfant, à la demande du corps enseignant, a redoublé une ou deux classes, et souvent déjà le cours préparatoire.

La question se pose : à quoi sert un tel redoublement ?
Il vous sera répondu que l'élève reprend un enseignement qu'il n'a qu'imparfaitement intégré l'année précédente et ainsi que pendant cette seconde année il pourra parfaire ses connaissances et accéder à certains acquis. Ce raisonnement est valable pour des enfants non dyslexiques, dont les modes d'apprentissage correspondent à la « norme habituelle ».

Le fait est qu'en France, la majorité des enseignants n'a jusqu'à présent, bénéficié d'aucune formation sérieuse concernant les troubles spécifiques des apprentissages. Cette carence explique l'offre de redoublement faite à nos élèves dyslexiques par ignorance de la réalité de la difficulté DYS :

- En effet un élève dyslexique ne suit pas les mêmes voies d'apprentissage que la majorité de ses camarades. Il a besoin d'une **pédagogie adaptée**, « sur mesure », il a besoin de **compensations**, et pour bâtir l'aide qui lui est indispensable, les constats et conseils de l'orthophoniste, de l'enseignant TSL ou référent sont indispensables. Cet enseignant formé aux troubles DYS, est capable de repérer les difficultés et les compétences de l'élève Dys au sein du groupe classe. Grâce à cette collaboration avec l'enseignant de la classe, un projet pédagogique sera mis au point auquel participent les parents et le principal intéressé : l'élève dyslexique lui-même.
- Une telle coopération ne s'improvise pas ; elle nécessite une formation de tous, ainsi que l'apprentissage du travail en équipe, en partenariat. (Voir aussi l'Idée 26)
- Il ne faut pas oublier non plus que l'élève dyslexique est intelligent. On peut lui expliquer beaucoup de choses, il a besoin d'être reconnu. La lecture du *Tiroir coincé* (voir l'Idée 16) peut lui faire comprendre la nécessité de ces adaptations pédagogiques et les expliquer aux également autres élèves de la classe.

Faire redoubler un élève dyslexique en lui proposant les mêmes méthodes d'enseignement qui l'année précédente n'ont pas été couronnées de succès ne sert donc à rien ! En cas de redoublement, il est essentiel que l'élève puisse bénéficier d'une « pédagogie adaptée à ses besoins ».

30. Indispensable pour apprendre : l'estime de soi

L'apprenant se pose les questions suivantes : suis-je capable de comprendre ce qu'on vient de m'expliquer ? Suis-je capable d'écrire correctement l'exercice demandé ? Suis-je capable de lire ce texte et d'en faire un résumé ?

L'élève dyslexique qui échoue doute de lui, angoisse, désespère et finit par se dire qu'il est nul et que ce n'est peut-être même plus la peine d'essayer de comprendre, de faire l'exercice, de lire le texte … Il démissionne tout de suite. Au moins, n'est-il pas déçu par la suite : ce qu'il avait prévu est arrivé ! Résigné devant l'échec, il n'en voit pas l'issue.

Les dons des dyslexiques sont bien connus Outre Atlantique où des bourses particulières leur sont accordées : leur courage, leur inventivité, leur façon de voir les choses sous un autre angle que la plupart de leurs condisciples sont reconnus. Les chercheurs discutent pour savoir si ces dons sont le fait d'un fonctionnement cérébral particulier qui traite moins bien la lecture et l'écrit mais qui se révèle souvent créatif, ou s'il s'agit simplement d'une façon de compenser l'échec scolaire.

Quoi qu'il en soit, c'est aux parents que revient de déceler les dons de leur enfant et de leur permettre de se développer harmonieusement. Il est important de valoriser votre enfant, en lui trouvant des activités extra-scolaires dans lesquelles il brillera, dans lesquelles il sera enfin quelqu'un de reconnu, voire d'admiré... Il pourra exceller dans des activités sportives, artistiques, musicales, de bricolage... Il sera salué comme un grand amuseur. Applaudi, félicité, il posera ses médailles sur son étagère et les parents auront la satisfaction d'avoir œuvré pour développer l'estime de soi de leur enfant.

Cependant, pour réellement permettre à l'élève de bâtir l'estime de soi, il faut aussi lui donner les moyens de réussir en classe. S'il a une note négative en dictée, s'il ne lit pas son texte à la vitesse voulue et ne peut pas faire le résumé demandé ... son estime de soi chèrement acquise à la maison ou pendant les vacances dans des domaines particuliers, tombera en loques en classe...

Il n'y a qu'une façon de « réellement bâtir» l'estime de soi d'un dyslexique : c'est de lui donner les moyens de réussir en classe les exercices proposés,

Attention ! Il est parfaitement capable de faire la distinction entre un exercice « bidon » destiné à lui faire croire qu'il réussit et un exercice qui le fait effectivement progresser dans son apprentissage.

Dans son travail de recherche présenté au congrès de Bruges en avril 2010, « *De l'impact de la prise en charge sur le bien être psychologique des élèves en suisse romande* », Tamara Leonova, socio-psychologue de Suisse romande travaillant à l'Université de Nancy, a comparé deux groupes d'élèves dyslexiques : un premier groupe d'élèves ayant une dyslexie peu sévère, intégrés en classe ordinaire, et un second groupe d'élèves ayant une dyslexie sévère, scolarisés en classe spéciale adaptée à leurs besoins particuliers. Elle a soigneusement et rigoureusement évalué ces deux groupes d'élèves, une première fois en début d'année scolaire et une seconde fois après un laps de temps suffisamment long pour être significatif... Les élèves dyslexiques qui avaient fait le plus de progrès étaient ceux qui étaient les plus heureux en classe : c'était ceux qui étaient les plus sévèrement atteints mais qui disposaient d'une prise en charge réellement adaptée qui leur permettait de progresser dans leur apprentissage. Faire des progrès rend heureux !

L'estime de soi est indispensable pour faire des progrès, mais c'est justement les progrès qui vont permettre de consolider l'estime de soi.

31. L'entrée en 6ᵉ

L'entrée en 6ᵉ peut s'avérer très motivante : les jeunes ont acquis leur statut de collégien, découvrent avec enthousiasme les nouvelles matières enseignées, les différents professeurs, ils sont parfois à l'aise en géométrie et en mathématiques, certains même – nous en avons eu des témoignages – apprennent l'orthographe anglaise plus facilement que l'orthographe française.

À l'inverse, d'autres élèves dyslexiques, et sans doute malheureusement les plus nombreux, peuvent être déconcertés par les changements de salles de classe, et les difficultés pour préparer son cartable en fonction des matières du jour. Dans le brouhaha d'une fin de cours, ils n'arrivent pas à noter à la vitesse voulue les devoirs à faire, et l'apprentissage d'une langue étrangère peut leur paraître un obstacle insurmontable.

Quelles que soient les difficultés de l'élève dyslexique, il est essentiel de le préparer à l'entrée au collège. À ce stade, les aides et les compensations dont votre enfant a besoin doivent être connues, et les parents devront faire les démarches nécessaires pour s'assurer que l'établissement où ils inscrivent leur enfant puisse les leur fournir.

Voici des conseils pour trouver les établissements ayant mis des dispositifs en place en faveur des élèves dyslexiques ou TSL :

- L'Association de parents d'enfants dyslexiques locale peut faire part de son expérience ; sinon, s'adresser à l'Inspection d'Académie ou à l'inspection ASH (Adaptation scolaire et scolarisation des élèves handicapés). En effet, chaque Inspection d'Académie (il y en a une par département) est libre de mettre en place les mesures qu'elle désire, l'Inspecteur d'Académie définissant les priorités. Il faut prendre contact avec le chef d'établissement ou le médecin scolaire
- Se renseigner aussi auprès de l'assistante sociale du Centre référent le plus proche de votre domicile.
- Les PPS sont reconductibles et doivent être réclamés. Si votre enfant a des difficultés importantes et ne bénéficie pas déjà d'un PPS, il faudra absolument entreprendre ces démarches auprès de la MDPH.

Enfin, dans certains cas, la dyslexie aura été bien compensée jusqu'en classe de sixième, mais c'est l'apprentissage d'une langue vivante qui fera apparaître ces difficultés. Les professeurs d'anglais y sont souvent accoutumés et reconnaissent les troubles d'apprentissage du langage écrit chez leur élève en difficulté dès les premiers jours d'enseignement.

32. Attention aux méthodes controversées !

« À cette époque rien n'allait plus, l'échec scolaire de mon fils dyslexique devenait chaque jour plus pesant et je recherchais en vain une aide qui puisse l'en sortir. L'inacceptable se produisit : j'appris que mon fils avait une colle de deux heures le mercredi après-midi pour avoir fait trop de fautes dans sa dictée ! Impossible de faire annuler la punition. Je regardais mon fils, assis immobile sur le canapé du salon – c'est rare qu'il soit immobile à la maison – et me disais : Pourvu qu'il ne « craque pas » !... Tout en conduisant ce garçon de 14 ans à sa colle, – je devais ensuite l'emmener chez l'orthophoniste qui le suivait depuis quatre ans – je pensais à la rumeur qui circulait… Cette RUMEUR … la méthode de M. X, remède bénéfique pour tous les dyslexiques, si c'était vrai ? »

Ce témoignage d'un parent, adhérent de notre association montre que les « méthodes controversées » trouvent un terreau fertile auprès des familles de dyslexiques. Combien s'y laissent prendre, perdant leur temps et leur argent !

IL N'Y A PAS DE MÉTHODE MIRACLE !... et pourtant, chaque année, elles reviennent par vagues successives ! Elles nourrissent de façon trompeuse les espérances des parents. Elles font la fortune de certains sans faire le bonheur des autres, bien au contraire !

Pour être validée, une méthode de rééducation doit être rigoureusement testée sur des populations « significatives », en nombre suffisant, et selon les critères de la recherche scientifique, après comparaison avec une population témoin qui aura suivi un autre mode de rééducation. L'évaluation doit par ailleurs être conduite en « double aveugle », c'est-à-dire que, d'une part les évaluateurs doivent ignorer lequel des deux groupes a suivi la méthode à valider, et d'autre part que les personnes bénéficiant de la méthode à valider ne le sachent pas non plus.

Une méthode qui n'aura pas été validée avec la toute la rigueur souhaitée est appelée « méthode controversée ». C'est le cas actuellement de nombreuses méthodes présentées indûment comme bénéfiques dans tous les pays !

Le docteur Catherine Billard, neuropédiatre au CHU du Kremlin-Bicêtre, est formelle :

« Aucun outil universel et « magique » dans la dyslexie n'est actuellement disponible, ce qui doit rendre les familles et leurs soignants critiques face aux « méthodes miracles » proposées. »

… En vous souhaitant d'être bon entendeur !

33. Les classes spéciales pour TSL ou TSA

Les troubles spécifiques du langage et des apprentissages ne sont « officiellement » reconnus en France par l'Éducation nationale que depuis le Rapport Ringard 2000, suivi du « Plan d'action interministériel en faveur des enfants atteints de troubles spécifiques du langage ». La Loi sur le Handicap, qui considère la dyslexie comme un handicap cognitif, date de 2005. Or les différents types de « classes spéciales » que nous avons dans notre pays ont été créés bien antérieurement à ces dates, ce qui explique qu'aucune classe spéciale – jusqu'à présent au moins – ne s'adresse « officiellement » aux dyslexiques.

Heureusement, nous sommes aussi en France dans le « pays des exceptions ». Ce sera donc aux parents de veiller que la classe qui est proposée à leur enfant réponde effectivement à « la bonne exception » !

• **À l'école primaire,** existent les **Classes d'Intégration Scolaire (CLIS),** dispositif collectif d'inclusion, prévu pour 12 élèves, fonctionnant « en milieu ordinaire », dans une école. Il existe 4 types différents de CLIS : CLIS 1, destinées aux élèves dont la situation de handicap procède de troubles des fonctions cognitives ou mentales ; CLIS 2, destinées aux élèves en situation de handicap auditif avec ou sans troubles associés ; CLIS 3, destinées aux élèves en situation de handicap visuel avec ou sans troubles associés ; et CLIS 4, destinées aux élèves en situation de handicap moteur, dont font partie les troubles dyspraxiques, avec ou sans troubles associés, ainsi qu'aux situations de pluri-handicap. Il est arrivé que l'intégration d'élèves dyslexiques soit proposée dans une CLIS 1, ce qui est fortement préjudiciable pour des élèves dont les capacités intellectuelles sont parfaitement préservées. Mais il est aussi arrivé qu'une CLIS 1 soit uniquement composée d'élèves TSL, ce qui s'est révélé être une bonne solution. Voici par exemple ce qui est actuellement proposé dans le département du Rhône depuis 2009 : parmi les CLIS, une CLIS TSA est destinée aux élèves présentant des troubles spécifiques des apprentissages (y compris la dyspraxie) sans déficience intellectuelle.

• **Au collège,** ce dispositif d'intégration est appelé **ULIS, Unité localisée d'inclusion scolaire** (ex UPI). La liste de CLIS et des ULIS existantes pour troubles du langage peut être consultée sur le site Internet suivant : http://scolaritepartenariat.chez-alice.fr/page105.htm

• Les **classes de SEGPA** (sections d'enseignement général et professionnel adapté) peuvent représenter une autre voie. Ces classes ne sont pas une filière spécifique pour les enfants « DYS », mais, selon les profils de recrutement de la classe de SEGPA de votre collège, dont il faudra que vous preniez connaissance en considérant les besoins de votre enfant, une telle classe peut constituer une étape positive. L'effectif y est réduit, les enseignants du premier cycle sont spécialisés ou volontaires pour y enseigner, donc motivés. Nombre d'enfants de notre association ont bénéficié avec bonheur d'un parcours en SEGPA.

Renseignez-vous bien : si vous envisagez cette solution, rencontrez pendant l'année de CM2 le proviseur du collège et l'enseignant de la SEGPA.

34. Les classes pour élèves dyslexiques dans l'enseignement privé

L'enseignement privé a fourni un gros effort pour créer des classes destinées aux élèves ayant des troubles spécifiques du langage et des apprentissages. Les plus connues étant l'institut Saint-Charles de Schiltigheim, près de Strasbourg, établissement de la Fondation Vincent-de-Paul, spécialisé dans les troubles complexes du langage oral et écrit, et le collège et le lycée Saint-Sulpice, à Paris, chacun de ces établissements ayant une liste d'attente de futurs élèves.

Attention ! Avant de faire des démarches vers une école privée, essayez de vous renseigner sur l'école et sur la qualité de la prise en charge des classes pour élèves Dys au sein de l'établissement.

Le site Internet des Éditions Fabert permet une recherche d'établissements privés : chaque fiche d'établissement mentionne si les élèves dyslexiques sont accueillis.

Les services « Jeunes et leurs difficultés » (JED) créés par l'UNAPEL, conseillent et accompagnent les familles pour une meilleure intégration des jeunes en difficulté dans la vie scolaire. Il en existe un par académie ; leurs coordonnées se trouvent dans les Centres d'information et de Documentation Jeunesse (CIDJ).

La FEED : une Fédération des écoles de l'enseignement proposant un enseignement adapté aux élèves Dys

L'initiative de la Fédération des établissements scolarisant des enfants dyslexiques (FEED) est tout à fait remarquable. Créée en 2001 par un établissement fondateur suivi de deux autres, les établissements qui adhèrent à la FEED sont aujourd'hui de plus en plus nombreux. Actuellement, elle réunit plus de 80 établissements de l'Enseignement privé catholique – écoles, collèges et lycées d'enseignement général, professionnel et technologique ou agricole, 56 répartis dans 16 académies de France.

Le but de ces établissements est de faciliter l'insertion des enfants DYS dans un univers perçu a priori comme hostile, avec une pédagogie adaptée et des formules de regroupement souples, variés et efficaces grâce à :
- l'accueil de la communauté éducative de l'établissement ;
- l'attention du corps enseignant ;
- la formation continue des enseignants et des éducateurs qui les suivent ;

- la collaboration étroite avec les partenaires du système de santé avec la nécessité d'un diagnostic médical pour l'inscription ;
- le suivi individualisé de chaque enfant :
- une « technologie auxiliaire » ;
- des aménagements spécifiques pour que les élèves « Dys » puissent effectuer les mêmes tâches que les autres élèves ;
- une intégration progressive en classe ordinaire.

La FEED a élaboré une charte de qualité des établissements adhérents que vous pourrez consulter sur le site Internet de la fédération : http://www.feedfrance.fr/site_public/accueilpub.html

Le besoin d'une plus grande efficacité a conduit la FEED à créer un Institut de Formation, le FEEDIF, qui vient en aide aux enseignants et éducateurs et poursuit leur formation afin de les doter des apports pédagogiques indispensables pour aider au mieux les élèves DYS : dyslexiques, dyspraxiques, dyscalculiques…

« *Adapter, ce n'est pas rabaisser le niveau, c'est rendre l'élève prêt à s'élever jusqu'aux exigences du professeur.* » (Catherine Quilici, membre fondateur de la FEED).

35. Quels aménagements prévoir aux examens ?

C'est trop souvent tardivement, peu avant l'échéance de l'examen que les parents se rappellent qu'un élève dyslexique a droit à des mesures de « compensation » afin d'être aidé au cours de la passation des épreuves. Pour être réellement bénéfiques, ces « aides » doivent pourtant être prévues longtemps à l'avance afin que l'élève les pratique et s'y habitue.

Pour choisir le type d'aides adéquates, une réflexion préalable est nécessaire : d'abord sur les points forts de l'élève – par exemple, est-il bon à l'oral ? Est-il performant en lecture ? … –, ensuite, sur ses difficultés particulières et les différentes possibilités de les « contourner ».

Plusieurs possibilités d'aides peuvent lui être proposées :
• L'aide d'un secrétaire, s'il n'est pas sûr de la qualité de sa lecture dans la situation de « stress » de l'examen. Le secrétaire lui lira les questions auxquelles il aura à répondre par écrit ; ce secrétaire peut aussi être scripteur.
• Les différentes aides apportées par l'usage de l'ordinateur :
  – L'aide d'un ordinateur avec correcteur d'orthographe : compter au moins une année d'apprentissage préalable du clavier et de l'usage d'un logiciel correcteur d'orthographe.
  – L'aide d'un ordinateur à reconnaissance vocale : mais encore faut-il apprendre à s'en servir. Pour être parfaitement à l'aise, une pratique de plusieurs années est nécessaire ; elle peut débuter en fin de classe primaire – CM2 –. Attention ! Lorsque les garçons muent, il est

nécessaire de prévoir une adaptation du logiciel à la nouvelle voix de leur « maître ».

– L'aide d'un ordinateur à reconnaissance vocale avec retour vocal : c'est alors l'ordinateur qui lira les questions d'examen à l'élève et celui-ci pourra lui dicter les réponses.

• La possibilité de disposer d'un temps d'examen prolongé d'un tiers. Là encore, il faut que l'élève ait appris à gérer son temps et à organiser la rédaction des réponses.

• En cas de dictée, il est possible de disposer d'une dictée aménagée.

• Dans certains cas, un examen écrit peut se passer oralement.

• Une demande de dispense de seconde langue vivante peut aussi être faite pour certains examens.

Quel que soit l'aménagement choisi, celui-ci reposera sur les conseils de l'équipe éducative et de l'orthophoniste en fonction des difficultés de l'élève. Il sera préparé à l'avance, en particulier en ce qui concerne les différentes aides apportées par l'ordinateur ainsi que la gestion du tiers temps supplémentaire.

36. Les démarches pour une demande d'aménagements aux examens

Nous ne reproduisons ici que quelques-uns des articles du décret n° 2005-1617 du 21 décembre 2005 relatif aux aménagements des examens et concours de l'enseignement scolaire et de l'enseignement supérieur pour les candidats présentant un handicap.

Article 2

Ces aménagements concernent tous les examens ou concours de l'enseignement scolaire et de l'enseignement supérieur organisés par le ministre chargé de l'éducation nationale et le ministre chargé de l'enseignement supérieur ou par des établissements sous tutelle ou service dépendant de ces ministères.

Ils peuvent concerner toutes les formes d'épreuves de ces examens ou concours, quel que soit le mode d'évaluation des épreuves et, pour un diplôme, quel que soit son mode d'acquisition.

Ils peuvent, selon les conditions individuelles, s'appliquer à tout ou partie des épreuves de ces examens ou concours.

Article 3 :

Les candidats […] peuvent bénéficier d'aménagements portant sur :

1. Les conditions de déroulement des épreuves, de nature à leur permettre de bénéficier des conditions matérielles, des aides techniques, des aides humaines, appropriées à leur situation ;
2. Une majoration du temps imparti pour une ou plusieurs épreuves, qui ne peut excéder le tiers du temps normalement prévu pour chacune d'elles. Toutefois, cette majoration peut être allongée, eu égard à la situation exceptionnelle du candidat, sur demande motivée du médecin, dans l'avis mentionné à l'article 4 du présent décret ;
3. La conservation, durant cinq ans, des notes à des épreuves ou des unités obtenues à l'un des examens mentionnés à

l'article 2, ainsi que le bénéfice d'acquis obtenus dans le cadre de la procédure de validation des acquis de l'expérience, le cas échéant ;

4. L'étalement sur plusieurs sessions du passage des épreuves de l'un des examens mentionnés à l'article 2 ;

5. Des adaptations d'épreuves ou des dispenses d'épreuves, rendues nécessaires par certaines situations de handicap, dans les conditions prévues par arrêté du ministre chargé de l'éducation nationale, du ministre chargé de l'enseignement supérieur, du ministre chargé de la culture ou du président ou directeur de l'établissement.

Article 4

Les candidats sollicitant un aménagement des conditions d'examen ou de concours adressent leur demande à l'un des médecins désignés par la commission mentionnée à l'article L. 146-9 du code de l'action sociale et des familles précité. [N.B. : Commission des droits et de l'autonomie des personnes handicapées : CDAPH].

Le médecin rend un avis, qui est adressé au candidat et à l'autorité administrative compétente, dans lequel il propose des aménagements. L'autorité administrative décide des aménagements accordés et notifie sa décision au candidat.

QUELQUES CONSEILS PRATIQUES

• **Contactez l'Inspection académique de votre département** ou celle dont dépend l'établissement où votre enfant est scolarisé et suivez la procédure mise en place.

Chaque MDPH désigne un ou deux médecins pour instruire les dossiers. Il s'agit généralement de médecins scolaires.

- **Précisez** dans la demande écrite, expédiée par courrier recommandé avec accusé de réception : les matières concernées, et les aménagements spécifiques requis pour chaque matière.
- **Si l'examen comporte des épreuves écrites**, puis des épreuves orales, ne pas oublier de les mentionner, même si elles sont facultatives ou soumises à des résultats insuffisants à l'écrit. Vous n'aurez pas le temps, entre les deux types d'épreuves, de reformuler votre demande. Il faut donc tout envisager à l'avance.
- **Si le recrutement d'un secrétaire est nécessaire**, renseignez-vous pour savoir qui est chargé de son recrutement. (Vous pouvez être amenés à gérer aussi cet aspect !).
- **Commencez la procédure le plus tôt possible,** en début d'année d'examen. Dès l'année précédente, renseignez-vous précisément sur les démarches à effectuer et les endroits où adresser votre demande, ainsi vous ne perdrez pas de temps le moment venu.

- **Si votre demande est rejetée,** sachez que vous avez toujours des possibilités de recours. Même si le médecin ne préconise pas les aménagements demandés, il ne faut pas nécessairement baisser les bras. L'instance de l'Éducation nationale n'est pas obligée de suivre son avis et peut tout de même les octroyer.
- **Vous pouvez faire appel de cette décision.** Une fois toutes les possibilités de recours épuisées, si vous n'êtes toujours pas d'accord avec les décisions rendues, vous pouvez encore faire appel auprès du médiateur de l'Éducation nationale ou du médiateur de la République. Il y a plusieurs niveaux de médiation (national, rectorat, académie). Le médiateur instruit le dossier, peut éventuellement

vous recevoir ou se déplacer sur le lieu du différend. S'il estime la réclamation justifiée, il émet des recommandations au service ou à l'établissement concerné qui l'informe des suites données. Toutefois, le service peut maintenir sa position, en lui faisant connaître les raisons par écrit. Si le médiateur ne retient pas votre réclamation, il vous en informe. Il n'existe pas de procédure d'appel.

Pour toute information, adressez-vous:

• au Médiateur de l'Éducation nationale
110, rue de Grenelle 75357 Paris 07 SP
Téléphone : 01.55.55.39.87
http://www.education.gouv.fr/mediateur/

• au rectorat ;

• à l'Inspection académique :
http://www.education.gouv.fr/pid167/les-academies-les-inspections-academiques.html

37. Demande d'allocation d'éducation de l'enfant handicapé

Le coût de toutes les aides à mettre en place autour de votre enfant (psychomotricité, soutien psychologique, achat d'un logiciel de synthèse vocale, recours à une école privée sous contrat…) n'est pas intégralement pris en charge par la Sécurité sociale ou par votre mutuelle.

L'allocation d'éducation de l'enfant handicapé (AEEH) est destinée à soutenir les personnes qui assurent la charge d'un enfant en situation de handicap. La demande doit être adressée à la Maison départementale des personnes handicapées qui la transmettra à la Commission des droits et de l'autonomie des personnes handicapées (CDAPH).

Vous trouverez les formulaires auprès de votre Caisse d'allocations familiales.

L'AEEH n'est pas soumise à condition de ressources. Elle vous sera attribuée en fonction du taux de handicap reconnu pour votre enfant. Un taux minimal de 50 % est requis pour bénéficier d'une aide. Ce taux est apprécié par le médecin conseil de la CDAPH en fonction du **certificat médical** que le médecin (de préférence celui d'un Centre référent du langage) aura rempli et du **dossier de renseignements** généraux que vous joindrez. Là encore, tout témoignage ou document pouvant servir à prouver les situations difficiles, et donc les besoins spécifiques de votre enfant, seront les bienvenus (témoignages de professeurs, certificat de scolarisation dans un établissement spécialisé, rééducation…).

Le taux de handicap est apprécié selon les recommandations du guide-barème pour l'évaluation des déficiences et incapacités des personnes handicapées :

La circulaire de la Direction de l'enseignement scolaire (DESCO) et de la Direction générale de l'Action sociale (DGAS), relative à l'application pour les personnes atteintes de troubles des apprentissages du langage oral ou écrit du guide barème pour l'évaluation des déficiences et incapacités des personnes handicapées, prévoit l'attribution d'un taux supérieur à 50 % dans les cas où les conséquences sont suffisamment graves pour entraver la vie sociale de la personne atteinte ou celle de son environnement et de sa famille.

C'est ainsi qu'on doit interpréter la notion de « socialisation ». Elle est, en général, considérée comme suffisamment gravement perturbée lorsque le langage conversationnel est atteint. Les atteintes du langage oral sont parfois peu perceptibles à l'examen superficiel, souvent sous-jacentes à un trouble du langage écrit. Il s'avère donc nécessaire de disposer d'un bilan spécialisé précis pour en estimer la gravité.

Le seuil de 50 % n'est pas atteint lorsque seuls les apprentissages scolaires sont perturbés, sans retentissement sur l'efficience intellectuelle globale, sans nécessité de prises en charge thérapeutiques lourdes ni d'aménagements pédagogiques conséquents, susceptibles d'avoir un retentissement dans la vie quotidienne, l'insertion scolaire, professionnelle et sociale de la personne.

Cependant, le niveau de contrainte qui pèse sur l'enfant et sa famille peut varier dans le temps. Par exemple, il peut s'avérer nécessaire pendant certaines périodes charnières d'intensifier notablement les prises en charge afin de prévenir l'apparition ou l'installation d'incapacités qui auraient des conséquences délétères sur la future insertion sociale de la personne. Il s'avérera alors tout à fait pertinent d'attribuer un taux d'incapacité temporairement supérieur à 50 % pour prendre en compte pendant une année ou plus une lourdeur effective des traitements et remédiations à mettre en œuvre.

Le taux de 80 % est atteint dès lors que les troubles du langage entravent réellement non seulement le langage, mais l'ensemble de la fonction élémentaire de communication, acte essentiel de la vie quotidienne, la rendant incompréhensible ou absente. Par leur retentissement, ces troubles représentent un handicap important pour l'insertion scolaire, professionnelle ou sociale de la personne.

Une fois encore, adressez cette demande d'allocation **par courrier recommandé avec accusé de réception**. Si vous n'êtes pas satisfait de la réponse qui vous est faite, vous pourrez, là encore, utiliser les voies de recours. Le médecin conseil qui instruira le dossier de votre enfant n'est pas forcément un spécialiste des troubles du langage, et, compte tenu de son manque de connaissances, il pourra dans un premier temps avoir une vision optimiste de la situation. En cas d'échec, n'hésitez pas à reprendre contact avec le médecin du Centre référent et à apporter des éléments d'information complémentaires.

Une fois cette allocation accordée, le coût des transports vers l'établissement d'enseignement spécialisé ou le lieu de rééducation pourra éventuellement être pris en charge par le Conseil général de votre département : renseignez-vous auprès de la Maison départementale des personnes handicapées, au sein de laquelle la Commission des droits et de l'autonomie des personnes handicapées (CDAPH) prend les décisions relatives à l'ensemble des droits de la personne handicapée, sur la base de l'évaluation réalisée par l'équipe pluridisciplinaire et du plan de compensation proposé.

D'une manière générale, conservez des copies de vos différents courriers et des réponses que vous recevrez.

Sachez qu'une demande écrite sera toujours mieux prise en considération qu'une intervention orale. Enfin, pensez chaque fois qu'il sera nécessaire, à envoyer vos courriers **en recommandé avec accusé de réception**.

Une dernière remarque : les associations locales de parents d'élèves pourront peut-être vous aider, informez-vous.

38. L'importance des réseaux de santé « Troubles des apprentissages »

Les réseaux de santé ont le plus souvent été créés par les Centres référents hospitaliers pour les troubles des apprentissages. Leurs noms diffèrent selon les régions : RESODYS, PLURADYS – enfants de Bourgogne, ADAPT, réseau TAP Île-de-France Sud...

Leur rôle est de favoriser l'accès aux soins, de permettre la coordination des actions éducatives et rééducatives, de faciliter la communication entre soins de ville, en libéral, et l'hôpital. Ils favorisent l'action de formation des différents partenaires médicaux ou paramédicaux – des rééducateurs – et des intervenants de l'Éducation nationale, enseignants, psychologues et médecins scolaires, enseignants spécialisés ou TSL et des parents. Ces réseaux de santé sont conçus pour faciliter et améliorer la prise en charge des enfants présentant des troubles spécifiques des apprentissages.

Nous mentionnerons particulièrement **L'Association pour l'insertion sociale et professionnelle des personnes handicapées (l'ADAPT),** association reconnue d'utilité publique soumise à la loi de 1901 qui est présente dans toute la France avec plus de 100 établissements et services d'accompagnement, de formation, d'insertion, de scolarisation ou encore de soin. L'ADAPT fut un des premiers réseaux de santé à militer dès 1993 pour faire connaître la dyspraxie (« trouble du comment faire ») ; la Dr Michèle Mazeau a joué un grand rôle dans cette action. Rappelons que 50 % des dyslexiques sont aussi dyspraxiques (voire idée 23).

Mentionnons aussi le réseau **TAP Île-de-France Sud** constitué par les professionnels de santé de la région Île-de-France Sud impliqués dans la prise en charge des troubles d'apprentissage, éventuellement en lien ou non avec le CHU du Kremlin-Bicêtre, Service de rééducation neuropédiatrique. Ce Service, avec la Dr Catherine Billard, organise des hospitalisations de jour pour instaurer des rééducations efficientes dans les cas sévères de dysphasie-dyslexie. Le réseau TAP est soutenu par l'Association Avenir Dysphasie.

39. Pourquoi adhérer à une association de parents d'enfants dyslexiques ?

Le but des associations de parents est double : d'une part, l'entraide en partageant leurs expériences ; d'autre part, intervenir pour améliorer le statut des élèves DYS en France.

En 1982, l'**APEDA-France** (Association de Parents d'Enfants en Difficultés d'Apprentissage) a été créée par des mères dont la cause de l'échec scolaire de leurs enfants – la dyslexie – n'avait pas été reconnue par l'école alors que les difficultés scolaires, patentes dès le CP, duraient depuis deux ou trois ans… Leur engagement répondait aux vœux : « *Plus jamais ça ! Plus jamais un jeune enfant dans une telle souffrance du fait de l'ignorance de ses parents et de ses enseignants !* »

Dès sa création, l'APEDA France a eu la chance de bénéficier de l'aide d'associations étrangères existant déjà depuis une dizaine d'années : d'abord celle de **l'APEDA belge**, qui lui a permis d'utiliser son sigle et lui a donné des conseils pour demander en France une « loi reconnaissant la dyslexie et instaurant une prise en charge appropriée ». Ensuite c'est le *Bundesverband Legasthenie und Dyskalkulie*, en Allemagne, qui lui a permis de découvrir leurs grands congrès annuels. Très vite, les membres de l'APEDA prirent également contact avec les associations de Grande-Bretagne (*British Dyslexia Association*), des Pays-Bas et du Danemark.

En 1987, a été créée **l'Association Européenne de Dyslexie (EDA)** ; l'APEDA France en fut un des membres fondateurs et elle en est toujours un membre effectif. L'EDA, « Voix des personnes avec dyslexie et ou d'autres DYS différences – dyspraxie, dysphasie, dyscalculie, troubles de l'attention/hyperactivités – en Europe », fédère actuellement 38 associations nationales ou régionales dans 24 pays européens. La première association de parents européenne d'enfants dyslexiques a vu le jour au Danemark au début des années 1940. Une des associations la mieux organisée et la plus active est probablement aujourd'hui l'association britannique, la BDA (*British Dyslexia Association*) créée en 1972. La jeune association italienne fait notre admiration, nous la citerons à plusieurs reprises dans cet ouvrage. L'EDA organise régulièrement de grands congrès internationaux, à Bruges, et en septembre 2013 à l'Université de Växjö, en Suède. Le site de l'EDA est www.dyslexia.eu.com

En France, la nécessité d'unir les associations DYS s'est également rapidement imposée, d'abord en créant l'Union nationale France-Dyslexie (UNFD) puis, lorsque celle-ci fut dissoute, par la création en mars 1998 de la **Fédération Française des DYS (FFDYS)** – association selon la loi de 1901 dont le but est de :
- regrouper des associations dont l'objet principal est le soutien aux personnes concernées par des troubles du langage et ou des apprentissages, appelés aussi troubles cognitifs spécifiques ;

- assurer la représentativité nationale et internationale de ses membres, notamment auprès des pouvoirs publics ;
- agir en vue d'améliorer la situation (en particulier l'accès à l'éducation, aux soins et à l'emploi), la participation, et la citoyenneté, des enfants et adultes ayant des troubles spécifiques du langage et ou des apprentissages ;
- apporter un soutien aux associations membres ;
- mettre en œuvre des projets communs.

La FFDYS, qui a eu le grand mérite de se doter d'un Comité scientifique, a été l'initiatrice des « Journées nationales des DYS » en France dont on connaît l'importance sur tout le territoire chaque année au mois d'octobre. Ces journées répondent à la « Semaine européenne des DYS » initiée par l'EDA à la même période de l'année (*Dyslexia Awareness Week*).

40. La dyslexie est désormais considérée comme un trouble cognitif

La Loi sur le handicap du 11 février 2005 (voir annexes p. 136) reconnaît la dyslexie comme un trouble cognitif qui met la personne avec dyslexie en « situation de handicap ».

Cette loi sur le handicap, si elle est appliquée, introduit des aides substantielles pour pallier les difficultés des dyslexiques en mettant en place une approche pédagogique appropriée et individualisée ainsi que l'accès à des compensations, un temps prolongé de composition lors des examens, et surtout à celles apportées par l'usage des TICE : Technologies de l'information et de la communication pour l'enseignement (voir les idées 17 et 41).

Si la connaissance des troubles DYS a été ainsi « officialisée » au sein de l'Éducation nationale, s'accompagnant de mise en place d'aides, l'implication des parents demeure indispensable et nécessite peut-être même un savoir plus approfondi pour communiquer aussi bien avec les enseignants qu'avec les orthophonistes.

Chaque année arrive « la nouvelle vague » d'élèves dyslexiques ou à risque de dyslexie - 5 à 8 % des élèves scolarisés, qui doivent recevoir le plus rapidement possible la compréhension et l'aide ciblée de tous les intervenants et particulièrement des parents !

Les « nouveaux parents » ont intérêt à intégrer une association de parents d'enfants dyslexiques proche de chez eux, ou s'il n'y en a pas, d'en créer une : ce qui facilitera l'abord des problèmes essentiels à connaître :

- Qu'est-ce qu'apprendre à lire ?
- Qu'est-ce que la cognition ou l'acte d'accéder à la connaissance ?
- Quels rôles jouent l'attention, la mémoire, la motivation, l'émotion ?
- Comment procéder aux révisions, qui doivent être multiples et variées ?
- Quelles compensations utiliser ?
- Quelles initiatives prendre non seulement pour ses propres enfants mais aussi pour tous les autres ?

Ne serait-il pas temps de faire preuve d'un peu plus d'imagination dans notre pays ?

Mentionnons à nouveau la plus jeune des Associations européennes, l'association italienne :

- L'Associazione Italiana Dislessia (AID) organise des « camps d'été » pour apprendre aux jeunes dyslexiques l'utilisation de l'ordinateur et faciliter l'apprentissage de l'anglais.
- Grâce au soutien financier de la Fondation Telecomitalia, elle va entreprendre des recherches longitudinales de dépistages à grande échelle, d'enfants à risques dès la maternelle, elle va constituer une bibliothèque numérique et étendre son « école d'été » qui concernera non seulement les dyslexiques mais aussi la formation des enseignants afin de parfaire la prise en charge des élèves ayant des troubles spécifiques d'apprentissage.

41. Quel adulte dyslexique deviendra votre enfant ?

Dans sa conférence sur « L'Adulte avec Dyslexie, à l'Université ou en formation professionnelle. Mêmes problèmes ? Différentes possibilités ? », le Professeur Enrico Ghidoni[*] neurologue, a rappelé la description des 4 différents types de dyslexiques adultes faite par D. Pollak :

---

[*] Professeur à l'Université Reggio Emilia, Enrico Ghidoni est également membre actif de l'Association Italienne de Dyslexie. Cette association a la particularité d'avoir une constitution « tripartite », comportant 3 « collèges », celui des Universitaires et Chercheurs, celui des enseignants et celui des parents. Elle travaille régulièrement avec le Ministère italien de l'Éducation.

1. **« Le souffrant »:** se considère d'un point de vue médical comme un patient, victime d'une situation qui le fait souffrir et l'empêche de réussir.
2. **« L'étudiant »** : fait la différence entre d'un côté son intelligence – son QI – dont il sait qu'elle est excellente, il n'en doute pas, et de l'autre, ses résultats scolaires médiocres. La dyslexie ne l'atteint que dans le strict domaine de ses études.
3. **« L'hémisphérique »** : a parfaitement accédé à la métacognition, il a analysé sa façon particulière d'apprendre, il est conscient de ses « forces » ou de ses « dons » particuliers, par exemple ses bonnes capacités visuelles et sa résolution des problèmes de façon holistique ou globale.
4. **« Le combatif »** : considère la dyslexie sous un angle politique, il est déterminé à se battre pour le droit à une pédagogie adaptée et à des conditions DYS-accueillantes lors d'évaluations ou d'examens. Il est capable d'être son « propre avocat ».

Pour que la personne dyslexique devienne capable d'accéder à la métacognition, de reconnaître sa façon particulière de travailler et soit capable de s'expliquer et de se défendre, elle doit préalablement avoir pu bénéficier d'aide, de compréhension et d'explications de de la part de tous les intervenants : non seulement des parents, mais aussi des orthophonistes, des enseignants spécialisés ou non, tout au long de son parcours.

42. Les 8 points clés pour une aide réellement efficace de l'élève dyslexique

Pour conclure, rappelons les 8 démarches essentielles pour aider concrètement un enfant dyslexique :
1. **« Quels que soient les soins (rééducatifs) prescrits, les réponses pédagogiques doivent toujours s'y associer, à tout âge et en fonction des difficultés exactes de l'élève dyslexique »** (Catherine Billard[*])

L'aide parentale viendra s'y ajouter, mais encore faut-il que les parents puissent comprendre le bien fondé des aides, qu'elles leurs soient expliquées, et qu'ils sachent ce qui leur est demandé de faire auprès de l'enfant.

Ainsi est réalisé le partenariat rééducateurs-enseignants-parents-enfant.

Cette collaboration permet d'être « réaliste dans les attentes » : savoir ce qu'on peut exiger d'un enfant et ce qu'on ne peut pas exiger de lui !

2. **L'importance des explications à donner aux enfants concernant leurs difficultés.** En effet, les enfants comprennent beaucoup plus qu'on ne le pense et dès le CP, à 6 ans, en termes simples des explications sont à donner.

Comme, par exemple, le pourquoi de tel exercice et les résultats attendus.

La lecture du *Tiroir coincé ou comment expliquer la dyslexie aux enfants* leur permet de comprendre ce qui se passe lors de la lecture et de la mémorisation, tout en leur permettant de

---

[*]   C. BILLARD, « Prise en charge de l'enfant et de l'adolescent dyslexiques », *A.N.A.E.* n° 103, 2009, p. 263-273.

rentrer dans une histoire, celle des quatre dyslexiques de la classe décrits dans le livre et auxquels ils peuvent s'identifier.

Cette lecture les conduit à une première réflexion « méta–cognitive » ou réflexion sur » sa façon » d'apprendre.

3. La réflexion sur sa propre façon d'apprendre, ou métacognition, est essentielle pour l'adulte dyslexique et prend donc toute son importance au fur et à mesure que l'élève grandit.

4. Cette réflexion va également orienter **le choix des outils de compensation** en particulier les différentes façons d'utiliser l'ordinateur.

5. Attention
• **aux faux conseils** : « pas de soucis, les difficultés scolaires de votre enfant disparaîtront d'elles-mêmes lorsqu'il aura 15 ans ! (*combien de fois entendu !*)
• **aux méthodes controversées !** Que de faux-espoirs déçus...

6. Une difficulté Dys peut être associée à une autre. Les multiDys sont plus nombreux qu'on ne le croit : ne pas passer à côté de la prise en charge multiple !

7. Un trouble de comportement peut cacher un trouble d'apprentissage.
La souffrance de l'enfant provoquée par ses échecs scolaires peut être à l'origine d'un état anxieux, d'une dépression – des tentatives de suicide nous sont rapportées – d'une attitude de résignation devant l'échec ou « impuissance acquise » qui empêche l'enfant de s'engager dans l'apprentissage. Savoir alors prendre en charge par des spécialistes ces difficultés

psychologiques sans négliger pour autant la rééducation et la prise en charge pédagogique du trouble d'apprentissage spécifique – dyslexie.

8. La découverte des points forts et des talents de l'enfant dyslexique, en faisant en sorte que leur épanouissement puisse bâtir son estime de soi et orienter sa vie de façon positive.

LA RÉUSSITE D'AMANDINE :
LE TÉMOIGNAGE DE SES PARENTS

Au cours du deuxième trimestre du CP, nous constatons qu'Amandine a des difficultés en lecture. L'enseignant utilise la méthode globale sans support d'apprentissage syllabique. En tant que mère d'Amandine, connaissant la dyslexie pour l'avoir vécue moi-même, je reconnais qu'il y a un problème. Je rencontre l'institutrice qui me dit qu'Amandine fait partie des bons lecteurs de la classe ! En fait elle est capable de « réciter » les pages de son livre sans les lire… !

Lorsque les difficultés de lecture deviennent évidentes, elles sont d'abord mises sur le compte d'une réaction vis à vis de son petit frère, de deux ans et demi son cadet, ensuite est évoquée une opposition à l'adulte… et le fait qu'il n'y a pas urgence, les enfants disposent de deux années pour apprendre à lire.

Cependant, sans attendre, nous conduisons notre fille chez l'orthophoniste qui procède à un premier bilan et nous demande de revenir six mois plus tard. C'est au cours de ce second bilan que la dyslexie et la dysorthographie sont diagnostiquées. L'orthophoniste nous explique que la scolarité de notre fille sera très difficile si nous ne l'aidons pas… Amandine est alors au CE1, elle a 7 ans et demi. Elle va suivre une rééducation orthophonique pendant 5 ans. Elle désire déjà devenir un jour infirmière.

L'enseignante de sa classe de CE1 est celle qu'elle avait eue au CP, elle s'excuse d'être « passée à côté », de ne pas avoir reconnu le caractère spécifique de ses difficultés.

En CE2, l'enseignant est réfractaire à l'apprentissage des « bases orthographiques » et ne souhaite pas faire de grammaire avec les enfants, il axe sa pédagogie sur l'apprentissage des tables de multiplication (qui sont un calvaire pour tous les Dys) et ce jusqu'à la table de 15 (passage à l'euro oblige). Le CE2 ne sera pas simple et nous, parents, devons faire beaucoup travailler Amandine.

Les années de primaires vont suivre avec le même parcours du combattant que pour tous les DYS :

• explications aux enseignants plus ou moins compréhensifs,
• échec en lecture et en orthographe…,
• dévalorisation de son « estime de soi », notre fille répète à qui veut bien l'entendre : « Je suis nulle »…

Quant à nous, parents, nous essayons de la valoriser pour tous ses autres talents. Amandine a essayé d'apprendre à jouer du piano mais la lecture des deux clés était pour elle trop compliquée, ce n'était plus du plaisir mais une difficulté supplémentaire.

L'école primaire s'est écoulée sans trop d'embûches, Amandine a dû beaucoup travailler et ses parents passent beaucoup de temps à l'aider. Malgré ses difficultés, Amandine n'a pas d'années de retard.

L'entrée en 6e a été très difficile, il lui a fallu un trimestre pour s'adapter…c'est long !!! Elle passe des heures (4 heures en 6e alors que les autres élèves en ont pour 1 h) à faire ses devoir tous les soirs, …il lui faut aussi du temps pour rêvasser et souffler….

Amandine a essayé de faire différentes activités extra scolaires : de l'équitation, de la danse, du tir à l'arc, du dessin, de la poterie…. sans jamais vraiment « accrocher » jusqu'au jour où elle a découvert la photographie. Grâce au passage au numérique, elle découvre la retouche de photos sur ordinateur à l'aide de logiciels. Elle a un réel don en la matière, « elle a un œil ». Elle se fait remarquer sur des sites Internet en participant à des concours de montage de photos, et elle en gagne quelques-uns. Certains internautes, lui demandent de faire des compositions pour eux.

Sa douceur, sa sensibilité et sa perception des choses se retrouvent dans ses montages.

Au collège, ce sont les matières littéraires qui sont les plus difficiles pour elle. Heureusement que les matières scientifiques ne lui posent pas de problème si ce n'est de lire les énoncés sans se tromper. Elle relit parfois 4 à 5 fois l'énoncé pour être certaine d'avoir bien compris.

En fin de classe de 3ᵉ, il y a eu l'orientation : son professeur principal refuse de la faire passer en classe de seconde alors qu'il sait qu'elle désire devenir infirmière ce qui nécessite la réussite du Bac. Ne pas passer en seconde avec une moyenne générale de 13 et une moyenne dans les matières scientifiques de 15, c'est un peu gros !

S'entendre dire que la dyslexie est un problème d'intelligence et que notre fille ne pourra pas suivre au lycée nous est insupportable ! Nous parents avons fait comprendre à cet enseignant que quoi qu'il arrive, Amandine irait en seconde et elle y est allée après avoir obtenu son brevet en bénéficiant d'un temps de composition prolongé d'un tiers temps, le premier d'une longue série… !

Le premier choix d'Amandine, est une seconde SMS (sciences médico-sociales). Mais les demandes sont nombreuses et il n'existe qu'une seule classe dans le département, les élèves sont pris sur dossier, ce qui signifie que le critère de choix repose non pas sur la motivation des élèves mais sur les meilleures moyennes et « les Dys n'y ont pas leur place » nous dit le proviseur.

Amandine intègre donc une seconde générale avec à nouveau des difficultés pour s'adapter qui durent plus longtemps chez elle que chez les autres élèves. Ensuite nouvelle orientation pour le passage en première : Amandine a trop de difficultés en français et en langue pour intégrer une classe de 1ʳᵉ S. C'est pourquoi elle choisit d'aller en classe de 1ʳᵉ STL (Sciences et techniques de laboratoire) mais là encore il y a une attribution de places sur dossier scolaire, car les demandes sont nombreuses et il n'y a que deux classes dans le département. Son choix initial se porte sur la biochimie. Pas de chance pour une « Dys » de figurer parmi les élus, les notes ne reflétant pas son niveau… Son second choix sera la chimie, et son dossier sera appuyé par le proviseur en personne qui soutient Amandine et qui croit en ses chances de réussir. Le choix d'un bac technologique lui permet d'abandonner une langue.

Pendant cette classe de première, en plus de ses difficultés, un événement familial malheureux survient : son père fait un AVC (accident vasculaire cérébral) à la fin de l'année scolaire.

Lors de l'examen du Bac de français, elle a 15 à l'oral et 9 à l'écrit, réalisant le fameux écart entre l'oral et l'écrit ! Si seulement les Dys n'étaient pas pénalisés pour leur orthographe ! Amandine a eu 3 points de moins pour ses fautes d'orthographe (c'est la marge dont disposent les enseignants correcteurs qui ignorent qu'ils corrigent une copie d'un élève bénéficiant d'un tiers temps pour dyslexie !). En histoire et géographie, elle a eu 13.

Vient la classe de terminale avec en fin d'année les épreuves du bac… voilà qu'il lui manque 12 points pour être reçue au premier tour, elle a droit à un « rattrapage ». Son professeur principal lui explique que tout ira bien, que 12 points ce n'est pas beaucoup, que les enseignants présents lors du second tour ne sont pas là pour « sacquer »… Bref, Amandine part rassurée, elle « bosse » la philo, la physique et la chimie.

À l'examen de rattrapage, la philo se passe très bien, elle obtient une note de 14 (4 points de plus qu'à l'écrit ! Là encore, on mesure la part de l'orthographe). En physique-chimie, le prof lui met une note inférieure à celle obtenue au premier tour… catastrophe c'est un coefficient 7. Amandine va manquer son bac de 4 points, pas de compassion pour une élève dyslexique/dysorthographique à qui des points ont certainement été enlevés pour son orthographe. Déception… rage… avoir travaillé dur toutes ces années, pour se voir claquer la porte au nez !!!

Amandine répète sa classe de terminale mais a le droit de conserver ses bonnes notes (merci à toutes les personnes qui se sont battues pour obtenir ce droit) et ne repassera que 4 matières. Cette fois-ci, elle réussit ses examens avec une moyenne suffisante pour décrocher une mention mais malheureusement les élèves faisant le choix de conserver des notes de l'année précédente, sont obligés de renoncer aux mentions… Encore une fois : pas tous égaux !

Après son bac, en attendant les concours d'entrée en école d'infirmière, Amandine fait un petit passage en Fac d'histoire. Dès la rentrée, nous faisons les démarches auprès du service handicap de la Fac pour mettre en place des adaptations. Nous avons rencontré une personne réceptive et compréhensive qui propose de mettre en place pour tous les examens l'aide d'un scripteur et le temps de composition prolongé d'un tiers.

Au cours du premier semestre, Amandine arrête ses études d'histoire à la Faculté pour préparer le fameux concours avec un organisme de formation. Petit hic, 1/4 de la note de ce concours est attribué pour l'orthographe !! Que faire ? Nous demandons un scripteur aux organismes organisant les concours. À croire que c'est une nouveauté, car personne ne sait ce qu'est un scripteur. Amandine va passer 5 concours dans différents départements et régions (il fallait multiplier ses chances d'être reçue) et nous avons obtenu pour chacun d'eux les aménagements demandés.

Résultat : Amandine est reçue dans 4 d'entre eux et entre à l'IFSI (institut de formation en soins infirmiers) de son choix.

Lors de la poursuite de son cursus infirmier, l'école qui l'accueille croit également en elle et décide d'appliquer un tiers temps pour tous les contrôles et rattrapages si besoin, même si la MDPH tarde chaque année dans sa décision d'attribution d'aménagements, car celle-ci semble un peu dépassée et ne sait plus comment faire puisqu'Amandine ne dépend plus de l'Éducation nationale. L'Institut de formation a lui-même relancé la MDPH pour qu'Amandine puisse continuer à bénéficier de son précieux tiers temps. La première année passe, puis la seconde et la troisième se termine. En mars 2014, Amandine saura si elle va décrocher son diplôme d'état d'infirmière. Elle rédige actuellement son mémoire dont elle a choisi le sujet :

« Travailler ensemble » pour réussir la collaboration entre infirmière et aide-soignante !

Quelle belle revanche et quel beau parcours !

« LE RÔLE DES PARENTS »

Lorsque la dyslexie-dysorthographie de notre fille a été diagnostiquée, nous parents sommes partis comme presque tous les parents à la recherche d'aide pour mieux accompagner notre enfant. Avant tout nous cherchions à comprendre ce qu'était la dyslexie afin de mieux l'accompagner. Nous nous sommes rapprochés de l'association APEDA (www.apeda-france.com) de notre département. Nous avons eu vraiment beaucoup de chance d'être reçus par Agnès Kettela qui, forte de son expérience professionnelle et associative, nous a aidés à ne pas commettre les erreurs que toute personne « ignorante » de la dyslexie peut commettre. Nous avons alors porté une attention toute particulière à notre fille et avons cherché à comprendre comment elle fonctionnait pour mieux l'aider à apprendre.

Durant toutes ces années de combat, nous n'avons jamais, au grand jamais douté de ses capacités. Nous avons endossé lorsqu'il le fallait tous les rôles que les parents d'enfants Dys doivent impérativement tenir : porte-parole auprès des enseignants, répétiteurs scolaires, soutiens psychologiques...

Si les parents abandonnent, les enfants ont peu de chance de s'en sortir.

Nous voulons ajouter qu'au cours de son parcours scolaire chaotique comme peut l'être le parcours d'une dyslexique, Amandine a toujours été valorisée pour ce qu'elle était : une fille gentille, sensible, douce, généreuse…

ANNEXES

LE SYSTÈME SCOLAIRE BELGE FRANCOPHONE FACE À LA DYSLEXIE

1. Loi belge ayant trait à la dyslexie

En Belgique, il n'y a pas de loi qui définisse la dyslexie, mais...

En 1970, a été créé l'enseignement spécialisé « type 8 » destiné aux enfants intelligents et souffrant de troubles instrumentaux.

Dans la pratique, cet enseignement regroupe des enfants présentant soit une dyslexie et/ou une dyscalculie et/ou une dyspraxie sévère ou une dysphasie.

L'enseignement de type 8 n'existe que dans la scolarité primaire (de 6 à 12 ans) mais une prolongation peut être octroyée jusqu'à l'âge de 14 ans.

Les classes sont composées de 8 à 12 élèves environ, qui bénéficient des rééducations logopédiques, psychomotrices et psychologiques au sein de l'établissement scolaire.

Par ailleurs, en 2010, est passé un arrêté royal définissant les aides obligatoires à offrir dans les écoles « ordinaires » lors du Certificat d'études de base (C.E.B.) aux élèves dyslexiques pour lesquels un dossier a été fourni à l'école avant le mois d'avril de l'année du C.E.B.

2. Un dépistage systématique est réalisé en 3ᵉ maternelle, autant du côté francophone que néerlandophone, par les Centres de Prévoyance Médico-Sociale (C.P.M.S.)

En primaire, à ma connaissance, il n'existe pas de dépistage systématique mais un enseignant peut signaler au C.P.M.S. qu'il observe des difficultés chez un élève. C'est le C.P.M.S qui sera amené à examiner l'enfant et à conseiller les parents. Cela sous entend que le C.P.M.S possède une formation pour diagnostiquer la dyslexie, ce qui n'est pas toujours le cas. Les parents restent toujours libres de suivre ou non les conseils du C.P.M.S.

Souvent, les parents consultent de leur côté, un centre de guidance (centre multidisciplinaire comprenant un pédopsychiatre, des psychologues, logopèdes, psychomotriciennes, et parfois neuropsychologues). Contrairement au C.P.M.S., le centre de guidance dispense aussi des rééducations.

Les parents peuvent aussi consulter une logopède privée, qui les enverra chez un médecin approprié pour avoir une demande qui leur permettra d'effectuer un bilan et une rééducation si cela s'avère nécessaire.

Au niveau secondaire et universitaire, il n'existe pas de dépistage, mais si l'élève rentre un dossier complet (diagnostic de dyslexie établi par des autorités compétentes), il peut bénéficier d'aides spécifiques, notamment lors des examens, mais cela reste à la discrétion de chaque établissement.

3. Le niveau de formation des enseignants est succinct.
Une information sommaire leur est donnée lors des études des instituteurs et des régents. Aucune formation n'existe pour les enseignants du secondaire et universitaire.

Par contre, il existe pour tous, soit sous forme volontaire, soit sous forme obligatoire, à la discrétion de chaque établissement, la possibilité de suivre une à trois journées complètes d'information à ce sujet.

4. Les personnes qui rééduquent les dyslexiques sont :
- les logopèdes (remboursements) ;
- les rééducatrices en dyslexie-dysorthographie mais qui ne bénéficient pas des remboursements.

Les bilans sont établis par les logopèdes, sous la demande d'un médecin spécialisé en réadaptation, d'un O.R.L. ou d'un pédopsychiatre.

Les bilans peuvent être complétés, si nécessaire par une neuropsychologue, une psychomotricienne et une psychologue.

5. Les bilans neuropsychologiques sont pratiqués soit en milieu hospitalier, soit en centre de guidance, soit en privé.

6. Les rééducations logopédiques ne sont remboursées que pour une durée maximale de 2 ans, ensuite ils sont à la charge du patient.

Les bilans sont remboursés en partie également.

7. Il n'existe pas officiellement d'aides dans les classes pour les dyslexiques sauf en type 8, mais les enseignants du type 8 n'ont pas de formation spécifique préalable à ce type d'enseignement. Ils peuvent suivre, en cours de promotion sociale, une formation d'orthopédagogue. À l'heure actuelle, la reconnaissance de cette formation n'existe pas. (Les orthopédagogues reçoivent un « certificat » et non un diplôme après 3 années de cours du soir, et n'ont qu'une valorisation barémique symbolique.)

8. Les aides aux examens : au C.E.B., il y a une obligation des écoles à offrir une aide aux dyslexiques (lecture des consignes à voix haute, temps imparti plus long, tiers temps supplémentaire, utilisation du dictionnaire électronique ou de l'ordinateur, relance de la part des professeurs lorsque l'élève « rêve », et veille que l'élève aie bien répondu à toutes les questions, préférence à l'oral pour l'interrogation de l'élève, etc.) Cf. la circulaire n° 3315 du 22/09/2010 émise par l'Administration générale de l'enseignement et de la recherche scientifique (AGERS) de la Fédération Wallonie-Bruxelles.

Ces aménagements peuvent être applicables à l'école secondaire et à l'Université, mais restent à la discrétion de chaque établissement. L'U.C.L. offre déjà ces aides aux étudiants qui ont fourni un dossier complet.

Anne-Marie Frère
Rééducatrice en dyslexie-dysorthographie depuis 45 ans,
notamment à l'hôpital Universitaire Saint-Pierre de Bruxelles
Formatrice auprès des enseignants de la Belgique francophone,
enseignante à l'Université Saint-Joseph de Beyrouth
Professeur au Cours normal d'enseignement spécial,
section dyslexie-dysorthographie
Membre fondateur de la Fondation Dyslexie.

Réf. Biblio. : SCHELSTRAETE, M-A., COLLETTE, E., PACOT, St., TIMMERMANS, N. «Université Catholique de Louvain «Un service dédié aux étudiants» *Orthomagazine* n°100 mai-juin 2012, 27-28

Il n'y a pas lieu d'imposer une unique méthode d'enseignement de la lecture

http://www.lscp.net/persons/ramus/lecture/lecture2.html#ref

Les récents débats sur les méthodes d'enseignement de la lecture ont conduit un certain nombre de chercheurs en psychologie cognitive, neuropsychologie et sciences de l'éducation à rappeler les résultats des études d'évaluation* de l'efficacité des différentes méthodes, et à formuler notamment les recommandations suivantes:

Il faut enseigner les relations graphèmes-phonèmes (entre les lettres et les sons) de manière systématique et explicite, dès le début du cours préparatoire.

Il existe de nombreuses manières d'enseigner les relations graphèmes-phonèmes: des approches synthétiques, combinant les phonèmes pour construire les syllabes et les mots; des approches analytiques, décomposant les mots en syllabes et en phonèmes; et des approches combinant à divers degrés les deux précédentes. Les études d'évaluation ne font pas ressortir de différences significatives d'efficacité entre ces différentes approches.

---

*   Voir notamment: RAMUS, F., CASALIS, S., COLÉ, P., CONTENT, A., DÉMONET, J. F., DEMONT, E., et al., « Un point de vue scientifique sur l'enseignement de la lecture. » Le Monde de l'Éducation, mars 2006., et : SPRENGER-CHAROLLES, L., & COLÉ, P. (2006), « Pratiques pédagogiques et apprentissage de la lecture ». Cahiers Pédagogiques, mars 2006.

Les résultats scientifiques actuels suggèrent donc d'écarter les méthodes qui n'enseignent pas les relations graphèmes-phonèmes, ou qui ne les enseignent pas de manière explicite et systématique, ou qui ne les enseignent pas suffisamment tôt (souvent appelées «méthodes globales», ou selon les acceptions, correspondant à une partie des méthodes globales). Toutes les autres méthodes semblent acceptables.

L'arrêté de mars 2006 modifiant les programmes d'enseignement de l'école primaire a précisé les programmes de 2002, en restreignant l'éventail des méthodes d'enseignement de la lecture recommandées précisément à celles suggérées par les travaux scientifiques. Il s'agit donc là d'une évolution positive.

Conformément aux résultats scientifiques, les nouveaux programmes laissent aux enseignants le choix entre les nombreuses méthodes utilisant des approches synthétiques, analytiques, ou une combinaison des deux, dans la mesure où, quelle que soit la méthode choisie, l'enseignant prend soin d'enseigner les correspondances graphèmes-phonèmes, afin de développer l'automatisation de la reconnaissance des mots et la compréhension.

Compte tenu des textes de loi définissant les programmes, et compte tenu des travaux scientifiques qui les inspirent, il n'y a donc pas lieu d'exiger des enseignants le recours à une méthode unique. Il n'y a notamment pas lieu de leur imposer l'usage d'une méthode exclusivement synthétique (parfois appelée « la méthode syllabique »).

Franck RAMUS, Chargé de Recherches au CNRS, et Rémi BRISSIAUD, Maître de Conférences à l'IUFM de Versailles.

Co-signataires:

Mireille BASTIEN-TONIAZZO, Maître de Conférences à l'Université de Provence

Séverine CASALIS, Maître de Conférences à l'Université Lille 3

Sylvie CÈBE, Professeur à l'Université de Genève

Lucile CHANQUOY, Professeur à l'Université de Nice-Sophia Antipolis

Pascale COLÉ, Professeur à l'Université de Savoie

Alain CONTENT, Professeur à l'Université Libre de Bruxelles

Marcel CRAHAY, Professeur à l'Université de Genève

Jean-François DÉMONET, Directeur de Recherches à l'INSERM

Jean ÉCALLE, Maître de Conférences à l'Université Lyon 2

Michel FAYOL, Professeur à l'Université Clermont-Ferrand II

Jacques FIJALKOW, Professeur à l'Université Toulouse II

Daniel GAONAC'H, Professeur à l'Université de Poitiers

Roland GOIGOUX, Professeur à l'IUFM d'Auvergne

Jean-Émile GOMBERT, Professeur à l'Université Rennes 2

Jacqueline LEYBAERT, Chargée de Cours à l'Université Libre de Bruxelles

Annie MAGNAN, Professeur à l'Université Lyon 2

José MORAIS, Professeur à l'Université Libre de Bruxelles

Laurence RIEBEN, Professeur à l'Université de Genève

Liliane SPRENGER-CHAROLLES, Directrice de Recherches au CNRS

Sylviane VALDOIS, Directrice de Recherches au CNRS

Annick WEIL-BARAIS, Professeur à l'Université d'Angers

Pascal ZESIGER, Professeur à l'Université de Genève

Johannes ZIEGLER, Directeur de Recherches au CNRS

RÉFÉRENCES DES OUVRAGES ET TRAVAUX CITÉS

BILLARD, C., « Prise en charge de l'enfant et de l'adolescent dyslexiques », *A.N.A.E.* n° 103, p. 263-273, 2009.

BLACHE, A., GARDIE, C., « Rôles et missions d'un enseignant spécialisé exerçant en centre de référence », *A.N.A.E.* n° 110, p. 403-407, 2010.

COUTERET, P., « Les Tice au service des élèves avec Troubles spécifiques des apprentissages (TSA) », *La nouvelle revue de l'adaptation et de la scolarisation*, n° 48, 4e trimestre 2009.

DEHAENE, S. et coll. *Apprendre à lire, des sciences cognitives à la salle de classe*. Odile Jacob, 2011.

DEPONIO, P., « La cooccurrence des troubles spécifiques d'apprentissage : implications pour leur identification et leur évaluation », in *Dyslexia in Context, Research, Policy and Practice* (G. Reid & A. Fawcett, ed.). Whurr Publishers, p. 323-335, 2004.

ÉGAUD, Ch., *Les troubles spécifiques du langage oral et écrit, les comprendre, les prévenir et les dépister, accompagner l'élève*. CRDP Lyon, 2001.

GALLET, C., « Le partenariat : des prescriptions à la mise en œuvre », *A.N.A.E.*, n° 109, p. 281-286, 2010.

HABIB, M., *Dyslexie : le cerveau singulier*. Éditions SOLAL, 1997.

http://www.education.gouv.fr/cid1944/a-propos-de-l-enfant-dysphasique-et-de-l-enfant-dyslexique.html

KRIFI-PAPOZ, S., HERBILLON, V., ROUSSELLE, Ch., « Aspects épidémiologiques des « multidys » : Expérience d'un service de Neuropédiatrie », *A.N.A.E.*, n° 110, p. 361-365, 2010.

LEONOVA, T. & DRILO, G., « La faible estime de soi des élèves dyslexiques : mythe ou réalité ? ». *L'Année Psychologique,* n° 109, p. 431-462, 2009.

LEONOVA, T., « Adaptation et intégration scolaire des élèves avec des troubles d'apprentissage ». *Psychologie & Éducation,* 2, p. 45-62, 2008.

LEONOVA, T., « Les élèves dyslexiques sont-ils plus anxieux que leurs pairs sans dyslexie ? » *Revue de Neuropsychologie du Développement et des Apprentissages,* 94-95, p. 265-271.

MONTARNAL, A.-M., *Le Tiroir coincé ou comment expliquer la dyslexie aux enfants.* Éditions Tom Pousse, 2010.

REID, G., GREEN, S., *100+ Idées pour venir en aide aux élèves dyslexiques.* Éditions Tom Pousse, p. 157, 2010 (3ᵉ éd.).

RINGARD, J.-C., http://www.education.gouv.fr.rapport/ringard/som.htm

STELLA, G. et ZANZORINO, G., « Dépistage et remédiation scolaire des troubles spécifiques d'apprentissage, l'expérience de l'Italie ». *A.N.A.E.* n°114, p 378-386, 2011.

DES LIVRES À LIRE

A.N.A.E., n° 103 : « Les troubles dyslexiques durant la vie ». 2009.

A.N.A.E., n° 116 : « L'apprentissage du langage écrit et ses troubles. Un bilan des 25 années d'approches cognitives ». 2012

A.N.A.E., n° 122 : « Enfants et Adolescents en difficultés d'apprentissage : quelles orientations scolaires et professionnelles. » 2013.

A.N.A.E., n° 123 : « Apprendre ? Oui mais comment… Des laboratoires aux salles de classe. » 2013.

BALLOUARD, Ch., *Le travail du psychomotricien.* Dunod, 2003.

CRUIZIAT, P., LASSERRE, M., *Dyslexique, peut-être ? Et après...* Éditions Syros, 2000 (n^{lle} éd. actualisée).

CASTELLANI, P.-M. *« L'Âge de lire ».* Méthode de Lecture, GS, CP, CE1 et cahiers d'exercices. Éditions Tom Pousse.

CHEMINAL, R. et BRUN, V. (sous la dir. de), *Les dyslexies. Rencontres en rééducation.* Masson, 2002.

DEHAENE, S. *Les neurones de la lecture.* Odile Jacob, 2007.

DUMONT, A., *La Dyslexie.* Collection « *Idées reçues* », Éditions Le Cavalier Bleu, 2008.

DyPaTeC (Dyslexia Parents' and Teachers' Collaboration), *Guide pour parents* : à télécharger gratuitement sur www.dyspel.org

ÉGAUD, Ch., *Les troubles spécifiques du langage oral et écrit, les comprendre, les prévenir et les dépister, accompagner l'élève.* CRDP Lyon, 2001.

GÉRARD, Ch.-L. et BRUN, V. *Les dyspraxies de l'enfant.* Masson, 2005.

GÉRARD, Ch.-L., *Clinique des troubles des apprentissages.* De Boeck, 2011.

KETTELA, A., *Je construis ma grammaire* (3 cahiers). Éditions Tom Pousse, 2009.

KETTELA, A., *Je construis mes rédactions.* Éditions Tom Pousse, 2010.

LAINÉ, S., *Dyslexique et alors ? Un autre regard sur le handicap.* L'Harmattan, 2010.

LE HEUZEY M.-F., *L'enfant hyperactif.* Odile Jacob, 2003.

LE HUCHE, F., *Les apprentissages de la communication, Parler, Lire, Écrire.* Éditions Ramsay, 1990.

LUSSIER, F. et FLESSAS, J., *Neuropsychologie de l'enfant, troubles développementaux et de l'apprentissage.* Dunod, 2009 (2ᵉ éd. revue et augmentée).

MAZEAU, M., *Neuropsychologie et troubles des apprentissages. Du symptôme à la rééducation.* Masson, 2005

MAZEAU, M., *Conduite du bilan neuropsychologique de l'enfant.* Elzevier-Masson, 2008 (2ᵉ éd.).

MONTARNAL, A.-M., *Le Tiroir coincé ou comment expliquer la dyslexie aux enfants.* Éditions Tom Pousse, 2010.

MONTARNAL, A.-M., *Jeunes et Adultes dyslexiques, des explications et des solutions.* Éditions Tom Pousse, 2012.

MORAIS J., *L'art de lire.* Odile Jacob, 1994.

MORET, A. et MAZEAU, M., *Le syndrome dys-exécutif chez l'enfant et l'adolescent.* Elsevier Masson, 2013.

PLANTIER G., *Les malheurs d'un enfant dyslexique.* Éditions Albin Michel, 1992.

REID, G. et GREEN, S., *100+ Idées pour venir en aide aux élèves dyslexiques.* Éditions Tom Pousse, 2013 (3ᵉ édition).

REID, G., *Enfants en difficulté d'apprentissage, Intégration et styles d'apprentissage.* De Boeck, 2010.

SPRENGER-CHAROLLES, L. et COLÉ, P., *Lecture et dyslexie : approche cognitive.* Dunod, 2013 (2ᵉ éd.).

WITTÉ, F., *Une école au paradis : mémoires d'un dyslexique.* Les Petites vagues éditions, 2007.

Pour ceux qui veulent en savoir plus sur le fonctionnement du cerveau :
Ouvrage – facile à lire pour les parents - publié sous la direction de Stanislas Dehaene : « *Apprendre à lire, des sciences cognitives à la salle de classe* » Odile Jacob, 2011

Coffrets d'entraînement

Éditions la Cigale, BP 228, 38014 Grenoble.
Site internet : www.editions-cigale.com
Entraînement auditif sons et langage (MS de maternelle)
Entraînement phonologique prélecteurs (GS de maternelle)
Entraînement visuels prélecteurs (GS de maternelle)
Entraînement phonologique lecteurs
Entraînement visuel lecteurs

Vidéos

« Accompagner la dyslexie. » Édité par le Centre Départemental de Documentation Pédagogique de l'Eure, Haute Normandie CDDP d'Évreux, 3 bis rue de Verdun 27000 Évreux

Les vidéos de Pierre FRANCOIS :
« De la Fonquiture sur le Podogan ou comment débusquer la dyslexie »
« Des caramels pour Arthur, le dépistage des dyslexies »
« Un cactus sur les bras »
Commandes :
DVD ARCIS
76 rue de Paris,
78470 St-Rémy-lès-Chevreuse,
arcis@arcisproduction.com

Les vidéos de l'INS HEA : de Patrice COUTERET :
« Institut St-Charles : ouvrir le livre du monde »
« Bilan de la 6ème année » (BSEDS 5 –6)
« Accompagner les jeunes avec dyslexie en collège, Collège du Touvet »
www.inshea

Film DVD fait par l'INSERM
Présentation de la dyslexie par des chercheurs de l'INSERM
Qui font le point sur les dernières recherches
Site web: http://www.parisnord.idf.inserm.fr

Vidéo de la Fondation Dyslexie, « Maux de lettres-Mots de l'être »
Film témoignage sur la souffrance, les réussites des enfants et adultes dyslexiques.

Petit lexique des sigles

AIS : Adaptation et intégration scolaire. Voir ASH.

ASEH : Aide à la scolarisation des élèves handicapés.

ASH : Adaptation scolaire et scolarisation des élèves handicapés (nouvelle dénomination de l'AIS : Adaptation et Intégration Scolaire). Inspecteur ASH : Inspecteur chargé de l'Adaptation scolaire et de la scolarisation des élèves handicapés.

AVS : Auxiliaire de vie scolaire, personne chargée d'aider en classe l'élève DYS.

CAF : Caisse d'Allocation familiale.

CAMSP : Centre d'action médico-sociale précoce.

CAPA-SH : Certificat d'aptitude professionnelle pour les aides spécialisées, les enseignements adaptés et la scolarisation des élèves en situation de handicap.

CDAPH : Commission des droits et de l'autonomie des personnes handicapées ; nouvelle instance, résultant de la fusion des COTOREP et des CDES, en charge des décisions d'attribution des prestations et d'orientation. Les CDAPH sont notamment compétentes pour désigner les établissements ou les services correspondant aux besoins de l'enfant ou de l'adolescent ou concourant à la rééducation, à l'éducation ; l'attribution, pour l'enfant ou l'adolescent, de l'allocation d'éducation de l'enfant handicapé et, éventuellement, de son complément ; se prononcer sur l'orientation de la personne handicapée et les mesures propres à assurer son insertion scolaire ou professionnelle et sociale.

CDES : Commission départementale de l'éducation spéciale. Voir CDAPH.

CLIS : Classe d'intégration scolaire. Une CLIS est une structure d'intégration collective dans une école ordinaire ; c'est une classe à part entière de l'école, maternelle ou primaire, dans laquelle

elle est implantée. Elle se caractérise par la population accueillie et par un projet d'enseignement adapté à ce public. L'effectif des CLIS, comptabilisé séparément des autres élèves de l'école pour les opérations de la carte scolaire, est limité à 12 élèves. Les élèves de la CLIS sont partie prenante des activités organisées pour tous les élèves dans le cadre du projet d'école. Le projet de la CLIS peut prévoir l'affectation par l'Inspecteur d'Académie d'une personne exerçant les fonctions d'auxiliaire de vie scolaire collectif. .

CNSA : Caisse nationale de solidarité pour l'autonomie.

COTOREP : Commission technique d'orientation et de reclassement professionnel. Voir CDAPH.

DESCO : Direction de l'enseignement scolaire.

EDA : European Dyslexia Association – Association Européenne de dyslexie.

MDPH : Maison départementale des personnes handicapées, groupement d'intérêt public, associant le Conseil général, l'État, les représentants des organismes locaux d'assurance maladie et d'allocations familiales et des adhérents volontaires. Des représentants des personnes handicapées sont associés à son fonctionnement.

OCCE : Office central de la coopération à l'école.

PAI : Projet d'accueil individualisé.

PPAP : Programme personnalisé d'aide et de progrès.

PPRE : Programme personnalisé de réussite éducative.

PPS : Projet personnalisé de scolarisation.

RASED : Réseau d'aides spécialisées aux élèves en difficulté.

SEGPA : Section d'enseignement général et professionnel adapté.

SESSAD : Service d'éducation spécialisée et de soins à domicile. Les SESSAD, qui peuvent comprendre des orthophonistes et des psychomotriciens, constituent dans le secteur médico-éducatif les structures privilégiées de l'aide à l'intégration scolaire. Leurs missions sont de favoriser l'intégration scolaire et l'acquisition de l'autonomie, d'apporter aux familles conseils et accompagnement, soutenir l'enfant dans sa scolarité et ses apprentissages, aider à la connaissance et à l'acceptation du handicap pour une intégration scolaire réussie.

TSA : Trouble spécifique d'apprentissage.

TSL : Trouble spécifique du langage.

ULIS : Unité localisée pour l'inclusion scolaire (nouvelle dénomination des UPI). Elles constituent une des modalités de mise en œuvre de l'accessibilité pédagogique pour les élèves handicapés. Elles accueillent, au sein de certains collèges ou de certains lycées généraux, technologiques ou professionnels les pré-adolescents ou des adolescents dont le handicap a été reconnu. Une grande partie de ces enfants venant d'une CLIS (option D), leur handicap a déjà été reconnu par la MDPH. http://www.education.gouv.fr/cid52478/mene1015813c.html.

UPI : Unité pédagogique d'intégration (voir ULIS).

LEXIQUE

controversé : ce terme s'applique dans cet ouvrage aux méthodes prétendant améliorer les troubles DYS mais qui n'ont pas fait l'objet d'évaluations rigoureuses répondant aux critères de la recherche scientifique, et dont l'efficacité prétendue n'a ainsi pas été réellement prouvée (ce que les promoteurs de la méthode contestent évidemment).

co-occurrence : l'usage de ce mot, relevant initialement du domaine de la linguistique (« *Apparition simultanée de deux ou plusieurs éléments ou classes d'éléments dans le même énoncé* »), s'est étendu aujourd'hui à d'autres domaines ; en médecine, notamment, il décrit la présence concomitante chez une même personne de plusieurs troubles. En particulier, ce terme fait référence à l'association fréquente de deux ou plusieurs troubles d'apprentissage (troubles « DYS ») : dyslexie, dysphasie, dyspraxie, trouble de l'attention… Cette association fait actuellement l'objet de nombreuses recherches, en particulier de la part des Centres référents qui prennent en charge leur évaluation statistique.

métacognition : connaissance qu'un sujet a de ses propres façons d'apprendre avec une évaluation active de ses résultats. L'importance de ce processus cognitif a été soulignée en pédagogie : « La métacognition est la représentation que l'élève a des connaissances qu'il possède et de la façon dont il peut les construire et les utiliser. Un des meilleurs prédicateurs de la réussite scolaire est justement la capacité de l'élève à réfléchir sur ses connaissances et à comprendre les raisonnements qu'il engage pour utiliser et construire de nouvelles connaissances. Il faut donc rendre les élèves conscients des stratégies d'apprentissages qu'ils mettent en œuvre pour apprendre et comprendre le monde. La métacognition est indissociable de connaissance de soi et de confiance en soi. » (Nicole Delvolvé, *Cahiers pédagogiques*, décembre 2006).

métamémoire : réflexion consciente du contenu et de ses propres processus mnésiques.

métaphonologie : capacité de réflexion consciente sur la phonologie.

phonème : dans une langue, plus petite unité sonore porteuse d'une différence de sens ; par exemple, en français, les consonnes *b* et *r*, permettent de distinguer les mots *bouge* et *rouge*. Le français comprend 36 phonèmes : 16 voyelles et 20 consonnes.

phonologie : partie de la linguistique qui étudie la fonction des sons dans les systèmes de communication linguistique et permet ainsi de dégager les unités sonores distinctives à l'intérieur d'une langue : les phonèmes.

spécifique : se dit d'un trouble qui ne peut s'expliquer par une autre maladie connue.

troubles spécifiques du langage oral et écrit : troubles (dysphasies, dyslexies) faisant partie de l'ensemble plus vaste des troubles spécifiques des apprentissages qui comportent aussi les dyscalculies (troubles des fonctions logico-mathématiques), les dyspraxies (troubles de l'acquisition de la coordination) et les troubles attentionnels avec ou sans hyperactivité.
« On estime à environ 4 à 6 % les enfants d'une classe d'âge, concernés par ces troubles pris dans leur ensemble, dont moins

de 1 % présentent une déficience sévère. Leur originalité tient
à ce que ceux-ci ne peuvent être mis en rapport direct avec des
anomalies neurologiques ou des anomalies anatomiques de
l'organe phonatoire, pas plus qu'avec une déficience auditive grave,
un retard mental ou un trouble sévère du comportement et de la
communication. Ces troubles sont considérés comme primaires,
c'est-à-dire que leur origine est supposée développementale,
indépendante de l'environnement socio-culturel d'une part, et
d'une déficience avérée ou d'un trouble psychique d'autre part. »
(Bulletin officiel n° 6 du 7-2-2002 du ministère de l'Éducation
nationale. Préambule de la circulaire sur la Mise en œuvre d'un
Plan d'action pour les enfants atteints d'un trouble spécifique du
langage oral ou écrit.)

Associations de parents

http://www.adsr.ch

http://www.apeda.be

http://www.apeda-france.com

http://www.apedys.org

http://www.aqeta.qc.ca

http://www.dyspel.org

http://www.dysphasie.org

http://www.dyspraxie.org

http://www.eda-info.eu

http://www.federeseauxdys.org

http://www.ffdys.com

http://www.fondation-dyslexie.be

http://www.journee-des-dys.info

http://lesdysponibles.weebly.com

http://www.teteenlair.asso.fr

http://www.trustd.org

Sites Internet

Ministère de l'Éducation nationale, de l'Enseignement supérieur et de la Recherche :
http://www.education.gouv.fr

Handiscol'. La scolarisation des élèves handicapés :
http://www.education.gouv.fr

Ministère de la Santé et des Solidarités - Ministère délégué à la Sécurité sociale, aux Personnes âgées, aux Personnes handicapées et à la Famille :
http://www.handicap.gouv.fr

Caisse nationale de la solidarité et de l'autonomie :
http://www.cnsa.fr

Institut national supérieur de formation et de recherche pour l'éducation des jeunes handicapés et les enseignements adaptés (INS-HEA, ex-CNEFEI de Suresnes) :
http://www.inshea.fr/

Eduscol.
Guide des technologies au service de l'intégration des élèves porteurs de handicaps :
http://eduscol.education.fr/D0054/guide.htm

Les dysponibles
Réseau des formateurs « dys » de l'Académie de Nice.
Le site permet de réunir du matériel de travail et de le mettre à la disposition de tous.
http://lesdysponibles.weebly.com

Animath
Site de l'association pour l'animation mathématique.
http://www.animath.fr

Scratch
Logiciel libre conçu pour initier les élèves dès l'âge de 8 ans à des concepts fondamentaux en mathématiques et en informatique.
http://scratchfr.free.fr

LES TEXTES OFFICIELS

(LOIS, DÉCRETS, CIRCULAIRES
RELATIFS AUX ÉLÈVES À BESOINS ÉDUCATIFS PARTICULIERS)

Conventions
Décret no 2010-356 du 1er avril 2010 portant publication de la convention relative aux droits des personnes handicapées (ensemble un protocole facultatif), signée à New York le 30 mars 2007 :
http://www.ac-lille.fr/ia59/ash/infos/docs/2010_356.pdf

Troubles envahissants du développement
Construire une nouvelle étape de la politique des troubles envahissants du développement et en particulier de l'autisme : Plan autisme 2008-2010 :
http://www.ac-lille.fr/ia59/ash/infos/docs/2008_2010_autisme.pdf

Site Légifrance sur les troubles du langage: dépistage et prise en charge hospitalière
http://legifrance.gouv.fr/./affichSarde.do?reprise=true&page=1&idSar de=SARDOBJT000007118875&ordre=null&nature=null&g=ls

L'aide aux élèves en difficulté : l'adaptation scolaire
Les dispositifs de l'adaptation et de l'intégration scolaires dans le premier degré. Circulaire n° 2002-113 du 30.04.2002. B.O.E.N. n° 9 du 19 mai 2002.
http://www.ac-lille.fr/ia59/ash/infos/docs/2002_113.pdf

Adaptation et intégration scolaires : des ressources au service d'une scolarité réussie pour tous les élèves. Circulaire n° 2002-111 du 30.04.2002. B.O.E.N. n° 9 du 19 mai 2002.
http://www.ac-lille.fr/ia59/ash/infos/docs/2002_111.pdf

Décret 2005 - 1013 du 24 août 2005 relatif aux dispositifs d'aide et de soutien pour la réussite des élèves au collège. J.O. du 25 août 2005.

Décret 2005 - 1014 du 24 août 2005 relatif aux dispositifs d'aide et de soutien pour la réussite des élèves à l'école. J.O. du 25 août 2005.

Circulaire 2006-138 du 25 août 2006 relative à la mise en œuvre des PPRE à l'école et au collège. B.O.E.N. n° 31 du 31 août 2006.

Circulaire 2006-139 du 29-8-2006 relative aux Enseignements généraux et professionnels adaptés dans le second degré (EGPA). B.O.E.N. n° 32 du 7 septembre 2006.

La scolarisation des élèves handicapés
Décret n°2009-378 du 2 avril 2009 relatif à la scolarisation des enfants, des adolescents et des jeunes adultes handicapés

Arrêté du 2 avril 2009 précisant les modalités de création et d'organisation d'unités d'enseignement dans les établissements et services médico-sociaux ou de santé

Décret n°2007-1403 du 28/09/07 relatif aux aménagements d'examen de l'enseignement technique agricole – J.O. n°227 du 30/09/07

Arrêté du 21/01/08 relatif à l'organisation du bac pour certains handicaps - JO n°31 du 06/02/08

Arrêté du 15/07/08 relatif à l'enseignement de la LSF
Circulaire n°2008-109 du 21/08/08 relative aux conditions de mise en en œuvre du programme de LSF à l'école primaire - B.O.E.N. n° 33 du 04/09/08

Circulaire n° 2007-011 du 9 janvier 2007 préparation de la rentrée 2007. - B.O.E.N. n° 3 du 18.01.07

Circulaire n°2006-115 du 26 décembre 2006 relative à l'organisation des examens et concours de l'enseignement scolaire et de l'enseignement supérieur pour les candidats présentant un handicap - B.O.E.N. n° 1 du 4 janvier 2007.

Loi n° 2005 - 102 du 11 février 2005 pour l'égalité des droits et des chances, la participation et la citoyenneté des personnes handicapées. - J.O. du 12 février 2005.

Décret n° 2005 - 1587 du 19 décembre 2005 relatif à la Maison Départementale des Personnes Handicapées (partie réglementaire)

- J.O. du 20 décembre 2005.

Décret n° 2005 - 1589 du 19 décembre 2005 relatif à la Commission des Droits et de l'Autonomie des Personnes Handicapées (partie réglementaire). - J.O. du 20 décembre 2005.

Décret n° 2005 - 1617 du 21 décembre 2005 relatif aux aménagements des examens et concours de l'enseignement scolaire et de l'enseignement supérieur pour les candidats présentant un handicap. J.O. du 23 décembre 2005.

Décret n° 2005 - 1752 du 30 décembre 2005 relatif au parcours de formation des élèves présentant un handicap. - J.O. du 31 décembre 2005.

Décret n° 2006 - 509 du 3 mai 2006 relatif à l'éducation et au parcours scolaire des jeunes sourds. - J.O. du 5 mai 2006.

Arrêté du 17 août 2006 relatif aux enseignants référents et à leurs secteurs d'intervention. J.O. du 20 août 2006. - B.O.E.N. n° 32 du 7 septembre 2006.

Circulaire interministérielle n° 2006 - 126 du 17 août 2006 relative à la mise en œuvre et au suivi du projet personnalisé de scolarisation. - B. B.O.E.N. n° 32 du 7 septembre 2006.

Circulaire n° 2006-119 du 31 juillet 2006 relative à la scolarisation des élèves handicapés : préparation de la rentrée 2006. - B.O.E.N. n° 31 du 31 août 2006.

Décret n° 2008-316 du 04/04/2008 relatif aux conditions de recrutement et d'emploi des assistants d'éducation – J.O. n° 82 du 06/04/08

Circulaire n°2008-100 du 24/07/08 relative à la formation des AVS – B.O. n° 31 du 31/07/08.

Circulaire n°2008-108 du 21/08/08 concernant le recrutement des assistants d'éducation (qui abroge et remplace celles des 11/06/03 et 05/04/06) – B.O. n° 32 du 28/08/08.

J.O. n° 102 du 2 mai 2003 relatif aux assistants d'éducation.

Décret n° 2003-484 du 6 juin 2003 fixant les conditions de recrutement et d'emploi des assistants d'éducation.

Décret n° 2005-1194 du 22 septembre 2005 relatif aux conditions de recrutement et d'emploi des assistants d'éducation.

Circulaire n°2004-117 du 17 juillet 2004 relative à l'organisation du service départemental d'auxiliaire de vie scolaire - Rentrée 2004.

Circulaires n° 2001- 061 du 5 avril 2001 et n°2001- 221 du 29 octobre 2001 relatives au financement des matériels pédagogiques adaptés au bénéfice des élèves présentant des déficiences sensorielles ou motrices.

La scolarisation des enfants malades
Circulaire n°2003- 235 du 8 septembre 2003 relative à l'accueil en collectivité des enfants et adolescents atteints de troubles de la santé.

Dossier du B.O.E.N. n° 65 relatif aux enfants malades.

La scolarisation des élèves présentant un trouble spécifique du langage
Circulaire n° 2002-024 du 31-1-2002 relative à la mise en œuvre d'un plan d'action pour les enfants atteints d'un trouble spécifique du langage oral ou écrit.
B.O.E.N. n° 6 du 7-2-2002.

La scolarisation des élèves intellectuellement précoces
Élèves intellectuellement précoces - Guide d'aide à la conception de modules de formation - Circulaire n° 2009-168 du 12-11-2009 – B.O.E.N. n° 45 du 03-12-2009.

La scolarisation des élèves intellectuellement précoces - Lettre flash du ministère de l'Éducation nationale - 3 avril 2002.
Circulaire n°2007-158 du 17.10.07 – B.O.E.N. n° 38 du 25.10.07.

La Loi du 11 février 2005

Le 21 mars 2001, Le ministre de l'Éducation nationale Jack Lang, le ministre à la Santé Bernard Kouchner et le Secrétaire d'État aux personnes âgées et handicapées Dominique Gillot annoncèrent **un plan d'action gouvernemental** en faveur d'une meilleure scolarisation et une meilleure prise en charge des enfants atteints d'un trouble spécifique du langage oral et écrit.
Ce plan d'action s'articulait autour de 5 axes prioritaires :
Mieux prévenir dès la maternelle ;
Identifier les enfants porteurs d'un trouble oral et écrit ;
Mieux prendre en charge
Mieux informer, former, rechercher et évaluer ;
Assurer le suivi du plan d'action.

Ce que dit la Loi
La loi du 11 février 2005 (« **Loi n°2005-102 pour l'égalité des droits et des chances, la participation et la citoyenneté des personnes handicapées** ») a pour ambition de reconnaître la pleine citoyenneté de tous. En proclamant l'égalité des droits et des chances de toute personne handicapée, elle protège l'ensemble de la société contre l'intolérance, le refus de la différence et le rejet de l'Autre.

Cette Loi engage la République : le droit à compensation du handicap doit être l'instrument de l'égalité des chances.
Cette loi réforme les lois de 1975 et de 1987 en faisant de l'accessibilité la notion centrale, en instituant un guichet unique avec les Maisons départementales des personnes handicapées (MDPH) et en offrant un droit de compensation.

La loi en 5 points :
- **Le droit à compensation** des conséquences de la situation handicapante.
- **Scolarité** : tout enfant porteur d'un handicap a le droit d'être inscrit dans l'école la plus proche de son domicile.
- **Emploi** : pour les entreprises de plus de 20 salariés, la loi réaffirme l'obligation d'employer au moins 6 % de travailleurs handicapés.
- **Lieu unique d'accueil**, d'accompagnement et de conseil avec la création des **MDPH**.

La définition du handicap dans le cadre de la loi :
« Constitue un handicap, au sens de la présente loi, toute limitation d'activité ou restriction de participation à la vie en société subie dans un environnement par une personne en raison d'une altération substantielle, durable ou définitive d'une ou plusieurs fonctions physiques, sensorielles, mentales, cognitives ou psychiques, d'un polyhandicap ou d'un trouble de santé invalidant ».

Dans le cadre de cette loi, **la dyslexie se situe dans le champ du handicap cognitif spécifique et durable.**
Pour Chantal Valeri, vice-présidente d'APEDA France : « Si la difficulté de certains élèves dyslexiques devient trop importante et ne leur permet plus de répondre aux attentes du milieu scolaire, si la participation à la vie sociale est rendue difficile voire impossible sans aide, alors ils sont **en situation de handicap.** La notion de handicap concerne l'individu et la société, l'individu dans la société. »
De son côté, dans sa préface à *100+ idées pour venir en aide aux élèves dyslexiques*, Éric Weill, Inspecteur de l'Éducation nationale, écrit : « La loi de 2005 pour l'égalité des chances en faveur des personnes handicapées a servi de déclencheur à une vraie prise de conscience de la place et du devenir des élèves handicapés dans le système éducatif français. Il s'agit, à l'usage, d'un levier réel qui était attendu pour mettre en œuvre et réussir des cheminements et parcours scolaires adaptés au bénéfice de chaque enfant concerné »

Nous constatons qu'elle a aussi servi de déclencheur à de nombreux travaux de recherche sur ce trouble et à l'évaluation des moyens mis en place pour venir en aide aux dyslexiques.

Troubles des apprentissages, dictionnaire pratique

Un outil pratique pour se repérer dans la jungle des sigles. Ce dictionnaire vise avant tout à donner à toutes les personnes concernées par le handicap et, plus particulièrement, par les troubles cognitifs spécifiques et les troubles des apprentissages, non seulement des définitions simples, claires et précises, mais également, pour celles qui le souhaiteraient, les moyens d'« aller plus loin ».

Une documentation fiable et vérifiée. Plutôt que renvoyer vers une bibliographie le lecteur désireux d'« en savoir plus », nous avons préféré lui permettre d'accéder grâce à Internet à une documentation complémentaire fiable. Sa validité a été vérifiée à la date de parution de cet ouvrage.

Jérôme BESSAC a été Directeur éditorial aux éditions Quillet puis au Livre de Paris. Directeur éditorial branche Encyclopédies et dictionnaires chez Hachette Livre, il a ensuite pris la direction éditoriale d'Hachette Multimedia. Il assume aujourd'hui la responsabilité éditoriale des Éditions Tom Pousse.

prix : 19 €   ISBN: 978-2-35345-095-4

100 IDÉES POUR AIDER LES ÉLÈVES EN DIFFICULTÉ À L'ÉCOLE PRIMAIRE

100 idées qui aident à aider : car aider ne s'improvise pas. 100 idées pour apporter des réponses concrètes aux enseignants dans leur classe dans les domaines des apprentissages fondamentaux. 100 idées qui s'adressent également aux parents attentifs aux difficultés scolaires de leur enfant, et qui souhaitent reprendre avec lui des notions fragiles ou incomprises

Isabelle DEMAN a été enseignante spécialisée dans un RASED et maître formateur à l'IUFM de Paris. Elle intervient actuellement dans des organismes de formation continue pour les enseignants.

ISBN : 978-2-35345-036-7   Prix : 14,50€

100 IDÉES+ POUR VENIR EN AIDE AUX ÉLÈVES DYSLEXIQUES

120 idées… Cette nouvelle édition augmentée de 20 idées a été revue et complétée par les auteurs pour faire le point sur les dernières avancées dans la prise en charge des enfants dyslexiques.

*Enseignant depuis de nombreuses années, le professeur **Gavin Reid** est maintenant psychopédagogue et maître de conférence au Département des sciences de l'éducation, à la Moray House School, Université d'Edimbourg (Écosse).*
***Shannon Green**, co-fondatrice et directrice du centre de rééducation pour enfants et adultes REACH à Vancouver (Canada), est praticienne de la méthode Orton-Gillingham de rééducation de la dyslexie*

Prix : 14,50 €   ISBN : 978-2-35345-068-8

100 IDÉES POUR MIEUX GÉRER LES TROUBLES DE L'ATTENTION

Chaque jour, les parents et les enseignants sont confrontés aux problèmes que posent ces enfants inattentifs, impulsifs et hyperactifs. 100 idées pour comprendre les enjeux de ce trouble et organiser un environnement favorable. 100 idées qui constitueront une aide pertinente et concrète pour survivre à l'essoufflement que parents et enseignants ressentent lorsqu'ils sont aux prises avec l'enfant ou l'adolescent qui souffre d'un TDA/H (trouble du déficit d'attention avec ou sans hyperactivité), diagnostiqué ou non.

Francine LUSSIER, docteur en neuropsychologie de l'Université de Montréal, a fondé en 1994 le Centre d'évaluation neuropsychologique et d'Orientation pédagogique (CÉNOP) et, en 2001, le Centre de rééducation d'approche neuro–psychologique (CRAN) qui offrent des services personnalisés aux enfants en souffrance psychologique ou en difficulté d'apprentissage et de comportement.

ISBN : 978-2-35345-042-8

Prix : 14,20 €

100 IDÉES POUR AIDER LES ÉLÈVES DYSPRAXIQUES

100 idées pratiques pour favoriser les acquisitions initiales en motricité fine et globale. 100 pistes concrètes pour aider au quotidien les enfants souffrant de dyspraxie ou de troubles d'acquisition de la coordination. 100 idées efficaces pour leur permettre de progresser et de suivre un cursus scolaire satisfaisant.

Le docteur Amanda KIRBY, professeur à l'Université de Newport (Pays de Galles) est connue pour ses travaux sur la dyspraxie et les Troubles d'acquisition de la coordination. Avec la pédagogue Lynne PETERS, elle anime une équipe de médecins, de neurologues, d'orthophonistes et d'enseignants spécialisés au Dyscovery Centre de Cardiff.

ISBN : 978-2-35345-032-9

Prix : 14,20 €

100 IDÉES POUR AIDER LES ÉLÈVES DYSCALCULIQUES

Les blocages dont souffrent de trop nombreux enfants dans les apprentissages fondamentaux du calcul et de la géométrie trouvent leur origine dès la maternelle et le CP dans une fixation mal assurée de certains savoir-faire essentiels et une maîtrise insuffisante des tout premiers apprentissages. Ce livre donne des pistes à tous ceux, enseignants, psychologues, rééducateurs, parents, qui veulent comprendre la nature des difficultés de ces enfants qui « souffrent des maths » et souhaitent y remédier. 100 idées pour aider concrètement ces élèves en difficulté, en classe et à la maison.

Josiane HELAYEL, professeur de mathématiques à l'IUFM d'Antony où elle participe à la formation continue des futurs professeurs des écoles, est particulièrement impliquée dans la formation des enseignants spécialisés et l'aide aux élèves en difficulté. Isabelle CAUSSE-MERGUI, orthophoniste, est spécialisée depuis 1976 dans la rééducation des troubles logico-mathématiques

ISBN : 978-2-35345-049-7

Prix : 14,50 €

100 IDÉES POUR QUE TOUS LES ENFANTS SACHENT LIRE

L'apprentissage de la lecture est l'apprentissage fondamental de l'école primaire. Hélas, de l'aveu même de l'Education nationale, la proportion d'élèves en difficulté de lecture à l'entrée en sixième est passé de 14,9% en 2007 à 19% en 2007 (23% pour les garçons)... 100 idées pour venir en aide à tous ceux, enfants ou adultes qui n'ont pas bénéficié de la méthode qui leur convenait et souffrent de troubles des apprentissages ou de difficultés cognitives.

Corinne Gallet est formatrice sur les troubles des apprentissages dans le cadre de la formation continue des enseignants spécialisés et participe pour le ministère de l'Education nationale à divers groupes de travail.

ISBN : 978-2-35345-079-4   Prix : 14,20 €

100 IDÉES POUR DÉVELOPPER LA MÉMOIRE DES ENFANTS

Les troubles de la mémoire existent aussi chez l'enfant. Quels sont les signes qui permettront aux parents et à l'enseignant d'y remédier ? Comment ? À qui s'adresser pour évaluer l'ampleur des troubles et les soins à apporter ? Quels liens entretient la mémoire avec les troubles comme la dyslexie ou la « dyscalculie » ?
La mémoire : une clé de la réussite scolaire
Comment venir en aide à un enfant ayant des difficultés mnésiques quand on est parent ou enseignant ?

Béatrice RISSO est psychologue dans l'Éducation nationale. Elle participe à la formation des enseignants et des psychologues. Elle a travaillé sur le développement de la mémoire de travail chez les enfants présentant des difficultés ou des troubles d'apprentissage. Elle a également été enseignante pendant 13 ans de la Petite Section de Maternelle au CM2 et est chargée de cours à l'Université de Nice.

Prix : 14,50 €   ISBN : 978-2-35345-100-5

100 IDÉES POUR VENIR EN AIDE AUX ENFANTS DYSPHASIQUES

Les troubles sévères du développement du langage oral, encore appelés dysphasies, ont des conséquences lourdes sur le développement des enfants atteints, tant sur le plan de la communication, que de leur insertion scolaire et sociale. 100 idées pour venir en aide à ces enfants et leur permettre une adaptation optimale, un développement affectif et intellectuel harmonieux.

Monique TOUZIN est orthophoniste au CHU de Bicêtre (Rééducation neuropédiatrique) et formatrice des orthophonistes, des professionnels de santé et de l'Éducation nationale en matière de troubles des apprentissages.
Marie-Noëlle LEROUX, *professeur spécialisée au Centre scolaire de l'Unité de rééducation neuro-infantile du CHU de Bicêtre, travaille auprès d'élèves ayant des difficultés d'apprentissage liées à des troubles sévères du langage oral.*

ISBN : 978-2-35345-054-1

Prix : 14,20 €

Je lis couramment
de Corinne Gallet et Alain Royer

UN RECUEIL DE CONTES DE TOUS LES PAYS.
Outre l'intérêt spontané des enfants pour les histoires racontées dans les contes, ce genre littéraire permet aux élèves d'élargir et d'approfondir la culture qui est la leur et celle des autres. Car lire, c'est s'ouvrir sur le monde.

UN CONCEPT MULTIMÉDIA
Pour faciliter la tâche de l'enseignant et permettre aux accompagnants des élèves en difficulté de mieux leur venir en aide, les enregistrements sous format MP3 de l'intégralité des textes travaillés peuvent être librement téléchargés sur notre site Internet : www.tompousse.fr

ISBN : 978-2-35345-101-2   10 €   **LE CAHIER D'ACTIVITÉS**

Une pédagogie particulièrement adaptée aux élèves en difficulté.
Grâce aux rituels et à la connaissance de la stratégie à mettre en place, les élèves en difficulté vont apprendre à comprendre en sachant plus clairement ce que l'on attend d'eux.
D'autre part, les séances se terminent par des exercices sur le vocabulaire directement en lien avec le texte.

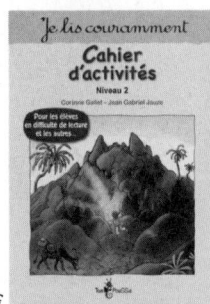

ISBN : 978-2-35345-102-9   12 €

Niveau 2

Ce second recueil de contes permettra à l'enseignant de poursuivre la démarche entreprise avec le premier recueil. Les contes regroupés dans ce recueil demandent un effort plus soutenu de la part de l'élève, tout en respectant une progression mesurée. : *ouvrir les champs lexical et culturel, et travailler la représentation.*

ISBN : 978-2-35345-103-6   10 €

LE CAHIER D'ACTIVITÉS

Ce second cahier reprend les principes de stratégie pédagogique du premier cahier en les élargissant :
Grâce aux rituels et à la connaissance de la stratégie à mettre en place, les élèves en difficulté vont apprendre à comprendre en sachant plus clairement ce que l'on attend d'eux.

La différence entre niveau 1 et 2 :
Les textes sont plus longs et plus denses, dans la mesure où le champ culturel est plus éloigné des élèves.
Avec ce second cahier, on entre dans le champ littéraire et on commence à aborder la complexité de l'être humain et l'ambivalence des sentiments. Les questions sont plus complexes et conduisent à établir des liens avec d'autres textes et aussi avec l'expérience vécue de l'enfant.

ISBN : 978-2-35345-057-2   12 €

Je construis ma grammaire
d'Agnès Kettela

ISBN : 978-2-35345-020-6
11,50 €

ISBN : 978-2-35345-022-0
13,18 €

ISBN : 978-2-35345-026-8
16,23 €

Je construis
mes rédactions

Une méthode éprouvée, efficace pour dédramatiser son apprentissage et permettre à tous ceux qui éprouvent des difficultés à des degrés divers d'être des acteurs de leur réussite. La méthode d'apprentissage tient particulièrement compte des difficultés rencontrées **par les enfants souffrant de troubles du langage**.

Le cahier 1 correspond au programme de CE1
Le cahier 2 à celui de CE2
Le cahier 3 à celui des deux CM
Le cahier de rédaction au niveau collège

13,18 €

ISBN : 978-2-35345-040-4

Je construis les quatre opérations

1ᵉʳ cahier : **Addition – soustraction**

2ᵉ cahier : **Multiplication – division** *(septembre 2014)*

De trop nombreux enfants entrent au collège en ne maîtrisant pas les apprentissages fondamentaux du calcul et pensent être « nuls en maths ». Or ce n'est pas une fatalité et cela n'a rien à voir avec un problème d'intelligence.

Je construis les quatre opérations.

Pour les débutants de tout âge, les "dyscalculiques", les élèves qui souffrent de troubles des apprentissages arithmétiques, par **Josiane Hélayel**, co-auteure de ***100 idées pour aider les élèves « dyscalculiques »***. Deux cahiers pour assurer définitivement les bases de l'arithmétique.

prix : 13 €   ISBN: 978-2-35345-112-8

30 exercices pour apprendre à maîtriser les chiffres et les nombres

Ce cahier d'exercices contient le matériel des exercices proposés dans le présent ouvrage d'**Isabelle Deman** : *100 idées pour venir en aide aux élèves en difficulté à l'école primaire.*

Adapté aux besoins des élèves en difficulté, ce cahier permettra d'autant mieux aux « autres » de maîtriser parfaitement les bases de l'arithmétique.

3 manières d'apprendre et de s'entraîner en manipulant :
- **des exercices effaçables** pour corriger les erreurs et refaire les exercices autant de fois que nécessaire,
- **des activités découpables** pour manipuler les chiffres et apprendre de façon ludique,
- **des posters** pour mémoriser l'essentiel et s'y reporter.

prix :19 €   ISBN : 978-2-35345-043-5

J'apprends les tables de multiplication avec Pythagore

Et si mémoriser les tables de multiplication n'était plus un cauchemar, mais redevenait, enfin, un jeu d'enfant !

Quelle est la démarche de ce cahier ?
- Construire les tables de 2 à 9.
- S'exercer en manipulant des cartes.
- Comprendre et mémoriser les résultats.

La maîtrise des tables de multiplication libère l'esprit de l'enfant, facilite l'accès au raisonnement et à la logique et contribue à la réussite en mathématiques.

Quel est son contenu ?
- Apprendre les tables de multiplication.
- Jeux de cartes à découper et à manipuler.
- La table de Pythagore.

prix :14 €   ISBN : 978-2-35345-055-8

Mise en page : Jean Debouverie
Direction éditoriale : Alain Royer et Jérôme Bessac
ISBN : 978-2-35345-057-2
Dépôt légal : novembre 2011
Imprimé dans l'Union Européenne